KB217013

주 안에서 사람은 바뀐다

# 주 안에서
# 사람은
# 바뀐다

유기성 지음

규장

# 내 본성을 완전히 바꾸시는
# 기적의 하나님

어떤 자매가 중매 들어온 형제의 혈액형이 B형이라 거절했다는 말을 들었습니다. 그녀가 말했답니다. "이기적이고 바람둥이가 많잖아요?" 알고 보니 B형은 여자가 기피하는 혈액형이었습니다. 그것도 '경상도 B형 남자'가 가장 기피 대상이라는 것입니다. 그런데 제가 '경상도 B형'입니다.

저는 살아갈수록 남편 역할, 아버지 역할을 제대로 한다는 것이 그렇게나 어려운 일인지 알지 못했습니다. 그 정도야 얼마든지 잘할 수 있을 줄 알았습니다. 그런데 아니었습니다. 남편이 되고, 아버지가 되어서야, 제가 얼마나 준비 없이 남편이 되었고, 아버지가 되었는지를 깨달았습니다.

저는 문제 많은 남편과 아버지였습니다. 그러나 한동안 그것을 몰랐고 인정하기 싫었습니다. 저도 저 나름대로 아내를 사랑했습니다. 그러나 아내가 원하는 사랑을 주지 못하였습니다. 저는 딸들도 정말 사랑했지만, 딸들을 행복하게 해주지 못했습니다. 제 방

식으로만 사랑했기 때문이었습니다. 그런데도 그런 것은 작은 문제라고 생각하는 전형적인 동굴형 남자였습니다.

  그런 제가 일찍부터 교회에서 가정 사역을 하고 부부 세미나를 했습니다. 가정에 대한 책도 썼습니다. 교인들 중에 많은 부부가 심각한 문제를 안고 살아가고 있으며, 그들 자신의 노력으로는 해결하지 못함을 알았기 때문입니다. 그래서 목회자로서 가정 사역을 시작할 수밖에 없었지만 제겐 정말 어려운 일이었습니다. 특히 부부 세미나가 힘들었는데, 그것은 아내와의 나눔 시간 때문이었습니다. 저희 부부가 부부 세미나 강사이기에 저희는 모든 활동에 솔선수범하여야 했습니다. 그러나 문제의식이 별로 없고, 정서적인 표현에 약한 저는 무엇을 어떻게 나누어야 할지 몰랐고, 또 잘할 자신이 없었습니다.

  그런데 아내와 대화하며 제겐 작은 것 같았던 문제가 부부의 행복을 무너뜨리고 있음을 알았고, 어색하고 미숙하지만 사랑을 표현할 때 그것이 아내를 너무나 행복하게 함을 보았습니다. 내색은 하지 않았지만 그것이 제게 큰 충격이었습니다. 그러면서 계속 품었던 질문이 있었습니다.

"사람은 바뀔 수 있을까?"

"예수 믿는다고 사람이 변하나?"

저는 예수님을 믿어도 성질은 안 바뀌는 줄 알았습니다. 어려서부터 교회에서 어른들을 본 결론이 그랬고, 또 많은 사람들이 "예수를 믿어도 다 자기 성질대로 믿는다"고 하는 말을 들었기 때문이었습니다. 그러나 성경은 다르게 증거한다는 것을 알았습니다.

그런즉 누구든지 그리스도 안에 있으면 새로운 피조물이라 이전 것은 지나갔으니 보라 새 것이 되었도다 고후 5:17

저는 절박한 마음으로 이 말씀을 붙잡았습니다. 정말 간절하였습니다. 예수님 안에서 사람이 바뀌지 않는다면 절망이기 때문입니다. 그래서 말씀을 붙잡고 "주님, 저를 실험 도구로 드립니다. 저를 통하여 이 말씀이 진리임을 증명해주소서"라고 간절히 기도하였습니다. 그리고 24시간 주님과 동행하기를 힘쓰면서 제 안에 분명한 확신이 생겼습니다. "주 안에서 사람이 바뀐다"는 것이었습니다. 그 것이 성령의 열매입니다.

　많은 그리스도인들이 자신이 변화될 것을 믿지 못합니다. 가족이 변화될 것도 믿지 못합니다. 교인들이 변화될 것도 믿지 못합니다. 그것은 자신을 믿지 못함이 아니라 우리를 변화시키실 예수님을 믿지 못하는 것입니다.

　17세기 경건한 목사였던, 월터 마샬(Walter Marshall)이 쓴 《성화의 신비》(복있는사람)라는 책에 이런 이야기가 나옵니다. 그는 항상 죄책감에 휩싸여 살았습니다. 하나님이라는 존재가 두려웠고 자기 자신에 대한 절망에 빠져들고 있었습니다. 하루는 청교도 신학자였던 토머스 굿윈(Thomas Goodwin)을 찾아가 자기 안의 고민을 솔직히 털어놓았습니다. 양심을 무겁게 하는 죄, 습관적으로 짓는 죄에 대해 고백했습니다.

　그러자 그가 이렇게 대답했습니다.

　"자네는 지금 자네가 짓고 있는 가장 나쁜 죄에 대해서 빼놓고 이야기하고 있네. 불신앙의 죄 말일세. 자네는 지금 자네의 죄악을 용서하시고, 자네의 본성을 거룩하게 하시는 주 예수 그리스도를 진정으로 믿고 있지 않네."

그때 월터 마샬이 큰 충격을 받았다고 했습니다. 자기가 짓는 죄가 육체적인 음란이나 거짓말이나 거듭나지 못한 어떤 성품인 줄로만 알았던 것입니다. 그런데 자신이 상상해보지 못한 끔찍한 죄, 무서운 죄를 짓고 있음은 모르고 있었습니다. 자신의 모든 죄를 용서하실 뿐만 아니라 자신의 본성 자체를 완전히 바꾸어내실 예수 그리스도를 실제로 믿고 있지 않았다는 것입니다.

도대체 사람이 변할 수 있습니까? 변한다면 어떻게 변하는 것입니까? 함께하시는 주님을 바라보는 믿음의 눈이 뜨여야 합니다. 사람이 변한다는 것을 믿는 것은 그 사람을 믿는 것이 아닙니다. 그 사람과 함께하시는 예수님을 믿는 것입니다. 남편이 변화될 것을 어떻게 믿습니까? 남편만 보면 믿지 못합니다. 그러나 남편과 함께하시는 주님을 바라보면 남편이 변화할 것이 믿어집니다. 변화될 가능성이 전혀 없어 보이는 자녀가 변화될 것을 어떻게 믿습니까? 그 아이와 함께하시는 주님을 바라보니 믿어지는 것입니다.

실망스런 배우자를 보고, 속 썩이는 자녀를 보면서도 감탄할 이유가 우리에게 있습니다. 그의 속에 예수님이 계신 것 때문입니다! "와! 놀랍다", "와! 믿어지지 않는 기적이다!" 가시 같은 교인, 문제 많은 교인을 보면서 비난만 하지 말고 감동하고 놀라워해야 할 것입니다. "와, 저 사람의 마음에도 주님이 계시다니!" 이처럼 우리가 주님을 바라보면 사람이 변하는 것을 알게 됩니다.

그런데 우리로 하여금 주님을 바라보게 해주시는 분이 성령입니다. 성령 안에서 주님을 바라보니 자신에 대한 믿음이 달라지고, 입술의 고백이 달라지고, 매사에 순종하게 되면서 결국 성령의 열매가 맺히는 것입니다. 어떤 분이 "예수 믿는 사람의 혈액형은 다 J형이다"라는 말을 했는데, 정말 그렇습니다. 우리는 예수님의 피로 구원을 받았습니다. 예수님의 피가 우리 안에 흐르고 있는 것입니다. 곧 우리 안에 임하신 성령입니다.

성령으로 사는 사람은 사랑이 넘칩니다. 항상 기쁨이 충만하며(희락), 다른 사람들과 화평하게 지내며, 잘 참으며(인내), 어떤 사람도 용서하며(자비) 또 잘 베풉니다(양선). 온유하고, 매사에 자신을 절제합니다. 또 끝까지 신실합니다(충성). 우리가 흔히 성령의 열매라고 말하는 것은 바로 예수님을 믿고 기질이 변화된 사람들에게서 보게 되는 성품입니다. 보통 기질(temperament)은 타고나서 바꿀 수 없다고 생각하지만 성경은 기질도 변한다고 증거합니다.

너희는 유혹의 욕심을 따라 썩어져 가는 구습을 따르는 옛 사람을 벗어 버리고 오직 너희의 심령이 새롭게 되어 하나님을 따라 의와 진리의 거룩함으로 지으심을 받은 새 사람을 입으라 엡 4:22-24

이로써 그 보배롭고 지극히 큰 약속을 우리에게 주사 이 약속으로 말미암아 너희가 정욕 때문에 세상에서 썩어질 것을 피하여 신성한 성품에 참여하는 자가 되게 하려 하셨느니라 벤후 1:4

예수동행일기를 쓰면서 변화되어가는 담임목사님을 지켜본 어느 교회 부목사가 "예수동행일기는 성형외과 같다"라고 고백했습니다.

"우리 교회에서 예수님과의 동행일기를 통해 'Before'와 'After'가 가장 확실하게 변한 사람이 있는데, 바로 저희 담임목사님이십니다. 사실 교인들은 상당히 연출된 표정을 보시지만, 저희 부교역자들은 관리 안 된 목사님의 표정을 늘 보며 지냅니다. 아침에 출근해서 담임목사님의 표정이 어두우면 그날은 모두가 긴장합니다. 혹시 뭐 잘못한 거 없는지 불안합니다.

담임목사님은 만나야 할 사람, 처리해야 할 업무 그리고 설교 준비 등으로 늘 시간이 모자랍니다. 그러다보니 잠이 부족하고 늘 피곤합니다. 피곤하면 예민해지고 짜증이 수반됩니다. 그런데 예수님과 동행일기를 쓰고 나서부터는 완전히 변하셨습니다. 목사님의 얼굴이 펴지니까 저희 얼굴도 펴집니다. 저희 얼굴이 펴지니까 사역자 아내들의 얼굴이 펴집니다. 할렐루야!! 예수님과 동행일기가 우리 교회에 끼친 첫 번째 영향, 돈 안 들이고 성형했습니다. 담임목사님의 얼굴을 바꿔놓았습니다."

예수님의 성품은 사랑, 희락, 화평, 온유, 자비, 양선, 충성, 인내, 절제입니다. 그러므로 누구나 십자가의 은혜 안에서 '나는 죽고 예수로 살게 되면' 새로운 성품을 갖게 되는 것입니다. 우리가 진정 십자가를 통과한 사람인지 아닌지를 알 수 있는 근거가 성령의 열매입니다. 기도도 열심히 하고 성령도 받고 열심히 헌신도 하는데, 성품이나 인격, 성격이 변하지 않는 사람이 있습니다. 자아가 죽지 않은 채 예수를 믿기 때문입니다.

우리는 성령충만으로 천상의 거룩한 성품을 소유한 자가 되어야 합니다. 자신의 성질을 자기 것이라 여기지 말아야 합니다. '그게 내 본성이야', '그게 내 기질인데', '타고났는데 나보고 어쩌라고' 이러지 말아야 합니다. 십자가에서 자아가 죽음으로 처리되었음을 믿고 고백해야 합니다. "나는 죽었습니다!" 그리고 성령의 도우심으로 주 안에 거하기를 힘쓰며 24시간 주님을 바라보아야 합니다. 그리고 매사에 성령께 순종하면 자연스럽게 그리스도의 성품을 가지게 됩니다.

유기성

**프롤로그**

CHAPTER 1

삶의 변화는 하나님의 약속이다 15

CHAPTER 2 사랑

너희도 서로 사랑하라 39

CHAPTER 3 희락

예수님의 기쁨이 곧 나의 기쁨 65

CHAPTER 4 화평

화평하게 하는 자로 살자 91

CHAPTER 5 인내

기다림마저 행복한 삶 115

CHAPTER 6 자비

잘못한 사람이 품어지는 기적 143


CHAPTER 7 양선

예수님을 믿으면 정말 선해지는가? 165


CHAPTER 8 충성

변하지 않는 믿음의 비밀 191


CHAPTER 9 온유

온유해지면 연단도 끝난다 221


CHAPTER 10 절제

이제부터 마음대로 살지 않겠어요 247

# 삶의 변화는
## 하나님의 약속이다

²² 오직 성령의 열매는 사랑과 희락과 화평과 오래 참음과 자비와 양선과 충성과 ²³ 온유와 절제니 이같은 것을 금지할 법이 없느니라 ²⁴ 그리스도 예수의 사람들은 육체와 함께 그 정욕과 탐심을 십자가에 못 박았느니라 ²⁵ 만일 우리가 성령으로 살면 또한 성령으로 행할지니 ²⁶ 헛된 영광을 구하여 서로 노엽게 하거나 서로 투기하지 말지니라

갈라디아서 5:22-26

'성령의 열매', 황홀할 정도로 놀라운 말씀입니다. 우리가 성령의 열매를 맺을 수 있다는 것은 믿어지지 않을 만큼 복된 약속입니다. 전적으로 타락한 우리에게는 선한 것이 조금도 없습니다. 사랑하고 또 사랑해도 부족한 가족조차 제대로 사랑하고 만족시킬 수 없는 것이 우리 자신입니다. 우리는 존재적으로 성령의 열매를 맺을 수 없는 존재입니다. 그런 우리가 어떻게 성령의 열매를 맺을 수 있다는 말입니까?

바로 예수 그리스도 안에서 이 놀라운 일이 이루어집니다. 정말 예수님을 믿으면 우리의 삶에 성령의 열매가 맺힙니다. 누구나 예수님 안에서 삶이 놀랍게 변화됩니다. 그것이 성령의 열매입니다. 정말 황홀한 일이지요. 많은 교인들이 성령의 열매 9가지, "사랑, 희락(기쁨), 화평, 오래 참음(인내), 자비, 양선, 충성, 온유, 절제"를 다 외우면 끝인 줄 압니다. 순서까지 정확히 외우면 자랑스러워합니다. 그러나 중요한 것은 아는 것이 아니라 실제로 성령의 열매를 맺는 것입니다.

안타깝게도 많은 그리스도인들이 성령의 열매에 대하여 알지만 삶에서 성령의 열매를 맺지 못합니다. 이유는 성령의 열매를 맺는 것과 구원이 별개의 문제라고 생각하기 때문입니다. 구원은 믿음으로 받기 때문에 성령의 열매를 맺으면 좋지만, 굳이 맺지 않아도 문제 될 것이 없다고 여기는 것입니다.

그렇습니다. 성령의 열매가 구원을 위한 조건은 아닙니다. 그러나 이 두 가지가 결코 별개가 아님을 알아야 합니다. 성령의 열매가 구원의 조건은 아니지만 구원의 중요한 결과가 되기 때문입니다. 정말 주 예수님을 믿고 구원받은 자라면 당연히 그 삶 속에서 성령의 열매가 증거로 나타나게 됩니다. 그러므로 성령의 열매를 맺든지 안 맺든지 상관이 없다고 넘어갈 문제가 결코 아닙니다.


## 성령의 열매와 진정한 구원

성령의 열매는 종교 행위와 다릅니다. 예배 열심히 드리고, 새벽기도에 나오고, 성경을 읽고 공부하고, 기도생활 하고, 십일조, 교회 봉사도 열심히 하면 신앙생활을 꽤 잘하는 것으로 생각합니다. 거기에다 방언이나 예언, 치유의 은사까지 받으면 믿음 좋은 사람으로 평가합니다. 물론 이것은 성령의 역사로 되어지는 것입니다. 그러나 그것을 '성령의 열매'라고 하지는 않습니다. 그것은 대단히 중요하지만 여기서 멈춰서는 안 됩니다. 종교적인 열심으로도 얼마든지 그렇게 할 수 있습니다. 다른 종교인들 중에 그 이상으로 열심인 이들이 많습니다. 그러므로 우리는 종교 행위 정도로 만족하면 안 됩니다.

손봉호 장로님이 인터뷰에서 "한국 교회는 타 종교와 비교가 되지 않을 정도로 봉사와 구제를 많이 한다. 그러면서도 호감을 얻지 못하는 이유가 무엇인가?"라는 질문에 신자와 교회가 정직하지 않기 때문이라고 지적하였습니다. "봉사를 많이 하면서 동시에 불법과 편법도 행합니다. 그러고도 그것을 하나님의 은혜라 여기니 '불법을 행하는 자들아'라는 책망을 어찌 피할 수 있겠으며, 교인들에게 공평과 정의를 행하라고 어떻게 가르칠 수 있겠습니까?" 그렇습니다. 교회와 관련된 업무를 담당하는 공무원이나 교인들을 태웠던 택시기사 중에 교회를 좋지 않게 보는 이들이 많은 것도 안타까운 일입니다. 남을 돕는 것보다 먼저 성품의 변화가 있어야 합니다. 그다음에 봉사입니다.

성령의 열매는 성품의 변화입니다. 이것은 오직 성령으로만 이루어집니다. 그래서 우리가 참생명을 가진 하나님의 자녀인지 아닌지를 성령의 열매로 아는 것입니다. 사랑, 희락, 화평, 오래 참음, 자비, 양선, 충성, 온유, 절제. 이것은 완전히 변화된 성품을 말합니다. 열매로 그 나무를 알 수 있듯이 '아, 이 사람이 진짜 예수 믿는 사람이구나' 하는 것도 그의 삶에 성령의 열매가 맺어지고 있는 지 보고 아는 것입니다. 그러니까 지금 내 삶에 성령의 열매가 맺히 지 않는다면 우리는 비참한 사람입니다.

그런데 성령의 열매를 스스로 맺어보려는 이도 있습니다. 책임 감도 있고 성실하고 의지도 강한 분들입니다. 하지만 성령의 열매 를 자기 의지나 노력으로 맺으려고 하면 율법주의자가 되어버립니 다. 자기 의지나 노력으로 성령의 열매가 맺어지는 것처럼, 성령의 열매가 있는 것처럼 보이려고 하다보니 위선자가 되고 끊임없이 다 른 사람을 판단하는 자가 됩니다. 이것이 성령의 열매를 자기 노력 으로 해보려는 사람들이 빠지는 함정입니다.

성령의 열매는 세상에서 말하는 좋은 성품과도 다른 것입니다. 성령의 열매는 좀 더 좋은 정도가 아니라 믿어지지 않을 만한 감화 력과 영향력이 있습니다. 그리고 어떤 상황에서도 변함없이 나타 나며 세상을 바꿀 수 있는 힘을 가지고 있습니다.

그러면 우리가 성령의 열매를 맺을 수 있을까요? 결론만 말하면 "그렇습니다!" 우리는 십자가의 보혈로 우리의 죄만 깨끗이 씻음 받는 것이 아닙니다. 우리 안에 성령을 모시고 살게 되었습니다. 우리의 죄를 씻어주신 십자가와 우리 안에 오신 성령님 때문에 우 리가 거룩한 삶을 살고 성령의 열매를 맺을 수 있는 것입니다.

우리에게 '나는 죽고 예수로 사는 십자가 복음'이 있습니다. 성 령님은 지금도 나와 함께 계시는 예수님을 바라보게 해주십니다.

그렇기 때문에 전적으로 타락해서 선한 것이 아무것도 없는 우리의 삶이 변하고 성품이 변화된 사람이 되는 것입니다. 끝까지 가야 합니다. 성령을 받았으면 당연히 성령의 열매를 맺는 데까지 가야 진정한 구원입니다.

## 죄짓기 어려운 사람

> 하나님께로부터 난 자마다 죄를 짓지 아니하나니 이는 하나님의 씨가 그의 속에 거함이요 그도 범죄하지 못하는 것은 하나님께로부터 났음이라 요일 3:9

하나님의 씨는 곧 하나님입니다. 우리 안에 하나님이 임하셨기에 하나님의 말씀에 순종하여 성령의 열매가 맺어지고, 성령이 오셨기에 비로소 우리가 죄를 짓지 않는다고 말씀합니다. 믿어지지 않을 정도로 놀라운 말씀입니다. 저 역시 전적으로 타락한 저 자신을 보면서 이 말씀이 믿어지지 않았습니다. 그런데 내 안에 오신 성령님을 알게 되고, 그것이 교리가 아니라 실제가 되면서 이 말씀이 사실이라는 것을 알게 되었습니다.

많은 그리스도인들이 "죄 안 짓고 살기 어렵다"라고 말합니다. 그러나 아닙니다. 그것은 스스로 속이는 것입니다. 정답은 "죄짓고 살기가 어렵다!"입니다. 요셉을 보십시오. 보디발의 아내가 유혹할 때 요셉도 육신으로는 그 유혹에 넘어가고 싶었을 것입니다. 그러나 요셉은 죄짓기가 어려웠습니다. 그것이 그리스도인입니다.

우리는 죄짓기가 너무 어렵습니다. 어째서 그렇습니까? 사람들이 보는 앞에서 죄 못 짓는 것만 봐도 압니다. 우리는 사람들만 보고 있어도 죄를 짓지 않습니다. 그러니까 우리에게 죄를 안 지을 수 있는 능력이 있는 것입니다. 욕심이 생겨도 욕심 부리지 않고, 도적질하고 싶어도 도적질하지 않고, 음란한 생각이 떠올라도 음란한 일을 하지 않고, 얼마든지 죄를 안 지을 수 있습니다.

우리 안에 하나님의 씨가 있습니다. 성령이 들어오셨어요. 주님을 바라보게 됩니다. 그럼 죄를 짓지 못하는 것입니다. 은밀한 죄역시 마찬가지입니다. 전에는 은밀한 유혹이 일어나면 그냥 넘어졌습니다. 아무도 보지 않으니까 맥없이 넘어졌어요. 그래서 은밀한 시간은 언제나 은밀한 죄를 짓는 시간이었습니다.

그런데 내 안에서 말씀하시는 주님을 알게 되었습니다. 전에는 그게 양심의 가책인 줄 알았더니 그게 아니고 주님이셨습니다. 주님을 점점 알게 되면서부터 사람이 보든 안 보든 이제는 죄를 짓지 못하게 되었습니다. 내가 죄 안 짓는다고 해서 누가 알아주는 것도 아니고, 내가 죄를 지었다고 해서 누가 알 수도 없습니다. 하지만 이제는 나와 함께 계시는 주님이 너무나 분명히 의식이 되니까 죄짓기 어려운 사람이 된 것입니다. 이것이 예수 믿는 우리의 실체입니다.

여러분, 우리가 가진 문제는 "죄의 유혹이 얼마나 강한가?"가 아니라 우리와 함께 계시는 "주님을 바라보는 눈이 분명히 뜨였는가?" 하는 것입니다. 나의 모든 죄가 씻음을 받는 것만 생각하고 주님이 내 안에 오신 것이 실제가 되지 않으면 우리는 죄에 무너지고 맙니다. 성령의 열매를 맺지 못하는 사람이 되는 것입니다.

## 주님이 맺게 하신다!

그럼 성령의 열매가 맺어지기 위해서 우리가 할 일이 무엇입니까? 무엇보다 예수 그리스도께서 성령의 열매를 맺게 해주신다는 것을 믿으시기 바랍니다.

> 나는 참포도나무요 내 아버지는 농부라 무릇 내게 붙어 있어 열매를 맺지 아니하는 가지는 아버지께서 그것을 제거해 버리시고 무릇 열매를 맺는 가지는 더 열매를 맺게 하려 하여 그것을 깨끗하게 하시느니라 너희는 내가 일러준 말로 이미 깨끗하여졌으니 내 안에 거하라 나도 너희 안에 거하리라 가지가 포도나무에 붙어 있지 아니하면 스스로 열매를 맺을 수 없음 같이 너희도 내 안에 있지 아니하면 그러하리라
>
> 요 15:1-4

주님은 '성령의 열매를 맺는 삶'에 대해 명확히 가르쳐주셨습니다. 무엇보다 우리는 믿음을 붙잡아야 됩니다. 주님은 참포도나무요 하나님은 농부라고 하셨습니다. 여러분, 포도 열매는 누가 맺습니까? 포도나무가 맺습니다. 농부가 열심히 농사지어서 그 나무가 열매 맺게 하는 것입니다. 그러니까 지금 우리가 성령의 열매를 맺게 되는 것은 바로 주님이 하시는 것입니다. 우리가 이 사실을 믿어야 합니다. 성령의 아홉 가지 열매를 다 맺을 자신이 없다고 포기할 문제가 아닙니다. 주님이 맺게 해주십니다.

저는 사람이 안 변하는 줄 알았습니다. 성격도 안 변하고, 예수를 믿어도 그 성질 그대로 예수 믿는 줄 알았습니다. 그런데 이것도 믿음입니다. 사람이 안 변하는 줄 아는 것도 믿음입니다. 안 변하는 줄 아니까 안 변하는 것입니다. '사람은 그 성격 못 버려', '그 성질 가지고 그대로 사는 거야' 이렇게 생각하니까 자기자신 역시 변화에 한계가 오는 것입니다. 사람은 변하지 않고, 다른 사람도 변할 거라고 믿지 않으니까 믿음으로 반응해주지 못하고, 그러니까 결국 전혀 변화가 없는 모습만 보고 사는 것입니다.

그런데 성령의 열매를 묵상하다가 '아, 사람은 변하는구나. 성령의 열매라고 하신 것 자체가 사람은 변한다는 뜻이구나. 그렇구나. 예수 믿으면 성품이 완전히 변하는구나' 하고 성령의 열매가 성경의 놀라운 약속임을 깨달았습니다. 사람은 변합니다. 그러니까 우리가 변화된 사람을 보면 "주님이 하셨습니다!" 이렇게 말하는 것입니다. 도무지 변화될 것 같지 않은 사람이 변했다는 것입니다. 예수님 안에서 바로 이런 역사가 일어납니다.


## 예수님의 사람

주님께서 성령의 열매를 맺게 하실 것을 진짜 믿으면 마귀에게 속지 않습니다. 죄가 더 이상 우리 안에서 주인 노릇을 못하게 됩니다. 사실은 마귀가 우리를 속이고 들어오는 것입니다. 우리는 이미 주님의 것이 되었고 예수님이 나의 주인이신데, 마귀가 자기가 주인이라고 속이는 것입니다. 그러니까 이것은 믿음의 싸움입니다.

여러분, 어린아이도 자기가 그 집의 주인이라는 것을 진짜 믿으면 알지 못하는 사람이 집에 들어와 자기 집인 것처럼 굴 때 "아저씨, 누구예요? 여기 우리 집인데, 아저씨, 왜 들어왔어요?" 이렇게 말합니다. 그러면 어린아이라도 함부로 할 수 없습니다. 왜냐하면 어린애지만 집주인이기 때문입니다. 우리도 그렇게 해야 됩니다. 마귀와 죄가 여러분의 주인 노릇을 하려고 할 때 내 영혼의 주인이 누구인지 믿고 선포해야 합니다. "나는 예수님의 사람이야. 그런데 도대체 넌 누구냐?" 이렇게 담대히 꾸짖고 나가라고 해야 합니다.

만약 우리가 이 약속을 믿지 않으면 죄가 들어와 다스리려고 할 때 쉽게 굴복하고 맙니다. '아, 죄가 주인이구나! 나는 죄를 지을 수밖에 없구나' 이런 기막힌 일이 벌어지면서 죄의 종노릇하고 사는 것입니다. 그런데 이것은 죄의 능력이 강해서가 아니라 우리의 믿음이 약하기 때문입니다.

여러분, 많은 성도들이 예수를 믿으면 혈기와 정욕, 음란, 욕심이 다 없어질 거라고 기대합니다. 그런데 실제는 그렇지 못하니 좌절합니다. 그러나 정신 똑바로 차려야 합니다. 우리가 예수를 믿어도 육신이 죽은 것은 아니기 때문에 육신의 성품은 그대로 있습니다. 그런데 그렇다고 해서 예수를 안 믿은 것은 아닙니다. 우리에게 변화된 것이 있습니다. 우리 안에 성령의 욕구가 생긴 것입니다. 우리의 옛사람은 예수님과 함께 십자가에 못 박히고 우리 안에 성령이 오셨습니다. 그래서 우리 속에 성령의 욕구가 일어나는 것입니다. 그러니까 육신의 욕구만 보지 말고 우리 안에 있는 성령의 역사도 봐야 합니다.

경건하게 살았던 사람이 어느 날 갑자기 죄에 넘어지고 온갖 부끄러운 소문이 나는 것을 지켜보는 것은 고통스러운 일입니다. 하지만 이상한 일이라거나 있을 수 없는 일은 아닙니다. 그렇다고 그가 그동안 다른 사람들을 속이고 산 것도 아닙니다. 그가 이전에 경건했어도 언제부터인가 주님과의 관계가 끊어지고 주님과 친밀히 교제하는 것이 없어지면 누구나 한순간에 육신의 종이 되어버립니다.

주님이 나와 함께 계신 것이 너무 분명하면 죄짓고 살 수 없습니다. 어떻게 죄짓고 삽니까? 그러나 주님을 전혀 의식하지 않고 살아보십시오. 밥을 먹어도, 누구와 만나도, 무슨 일을 해도, 정신없이 바쁘게만 보냈지 주님을 바라보지 않고, 아침에 눈을 뜨고 밤에 잠들 때까지 한 번도 주님을 생각하지 않고 그렇게 살아보십시오. 그가 교회에서 중직(重職)이고 심지어 목회자고 세상없는 은혜체험을 했더라도 그는 죄의 역사에 넘어지고 말 것입니다.

> 사람이 내 안에 거하지 아니하면 가지처럼 밖에 버려져 마르나니 사람들이 그것을 모아다가 불에 던져 사르느니라 요 15:6

어떤 경건한 자도 예수님 안에 거하기를 소홀히 여기고 예수님과 온전히 연합하지 않는다면, 육신을 통해 우리를 건드리는 죄성에 여지없이 무너지게 됩니다. 그러나 평생 죄만 짓고 산 사람이라도 그가 진정으로 주님을 만나고 주님을 바라보게 되면 죄에서 승리하는 삶을 살 수 있습니다. 전적으로 타락한 우리가 거룩한 삶을 살게 되는 비밀은 오직 복음 안에서 허락된 주님과의 연합된 관계에 있습니다.

우리가 충분히 죄를 이길 수 있음을 믿어야 합니다. 그것은 우리 자신이 죄를 이길 수 있다는 말이 아니라 우리 안에 임하신 주님께서 우리를 죄의 유혹으로부터 지키실 것을 믿는 것입니다.

하나님께로부터 난 자는 다 범죄하지 아니하는 줄을 우리가 아노라

하나님께로부터 나신 자가 그를 지키시매 악한 자가 그를 만지지도 못하느니라 요일 5:18

## 회개의 생활과 예수동행일기

우리가 분명히 할 일은 회개를 통해 계속 정결해지는 생활을 하는 것입니다. 주님은 열매를 더 풍성히 맺게 하려고 우리를 깨끗하게 하신다고 하셨습니다.

무릇 내게 붙어 있어 열매를 맺지 아니하는 가지는 아버지께서 그것을 제거해 버리시고 무릇 열매를 맺는 가지는 더 열매를 맺게 하려 하여 그것을 깨끗하게 하시느니라 요 15:2

열매 맺는 가지는 열매를 더 풍성히 맺게 하려고 깨끗하게 하십니다. 깨끗하게 하신다는 것은 더럽기 때문입니다. 우리가 우리의 죄를 자백하면 깨끗함을 받습니다. 깨끗함은 회개를 통하여 이루어집니다. 또한 말씀으로 깨끗해졌다고 하십니다. 약속의 말씀이 우리를 죄에서 씻어주는 것입니다. 그럴 때 우리를 통해 성령의 역사가 드러납니다. 그것이 바로 성령의 열매입니다.

만일 우리가 우리 죄를 자백하면 그는 미쁘시고 의로우사 우리 죄를

사하시며 우리를 모든 불의에서 깨끗하게 하실 것이요 요일 1:9

성령의 열매 맺는 삶을 살려면 회개의 삶이 정말 중요합니다. 저는 예수동행일기를 쓰기 위해 하루를 가만히 돌아봅니다. 샤워만 하고 잠자리에 들었다면 그냥 잊어버리고 지나갔을지도 모르는 일들, '아, 그때 내가 그랬구나', 회개해야 할 것들을 성령께서 놓치지 않도록 깨우쳐주십니다. 육신의 샤워를 하는 것같이 동행일기를 쓸 때마다 저는 매일 영혼의 샤워를 합니다.

'하나님, 그때 제가 그랬습니다.'

'오늘 이렇게 살았군요.'

'하나님, 제가 오늘 또 삐끗했습니다. 주님 바라보지 못했어요.'

'함부로 말했습니다.'

여러분, 이것이 얼마나 놀라운 일인지 아십니까? 아무것도 아닌 것 같고, 잘못한 것을 잘못했다고 고백하는 게 뭐 그리 대단한가 싶어도 그렇지 않습니다. 우리가 깨끗함을 받을 때 비로소 성령이 우리를 통해 드러나세요. 그래서 우리에게 성령의 열매가 맺어지는 것입니다.


## 주님의 열매

그리고 주님은 "내 안에 거하라"고 하셨습니다. 나무에 붙어 있는 가지가 열매를 맺습니다. 주님도 '내게 붙어 있는 자'라고 하셨습니다. 그러니까 성령의 열매를 맺는 놀라운 삶은 주님께 붙어 있는 생활, 주님 안에 거하는 삶이 결정적입니다. 주님이 나를 통해 열매를 맺게 하시는 역사의 핵심은 내가 주님 안에 거하는 것입니다.

> 너희는 내가 일러준 말로 이미 깨끗하여졌으니 내 안에 거하라 나도 너희 안에 거하리라 가지가 포도나무에 붙어 있지 아니하면 스스로 열매를 맺을 수 없음 같이 너희도 내 안에 있지 아니하면 그러하리라
>
> 요 15:3,4

늘 싸움만 하는 교회가 있었습니다. 교인들이 싸우다가 교회를 떠나기도 하고, 교인들끼리 싸우다가 성이 차지 않으면 합세해서 목사를 공격하여 쫓아내기도 했습니다. 이 교회에 새로운 목사님이 부임하자 동네 사람들이 이번에 새로 온 목사가 얼마나 오래 있을지 내기를 할 정도였습니다. 그런데 아무리 기다려도 새 목사에 대해 이러니저러니 말이 없었습니다. 그래서 궁금증을 참지 못한 교회 앞 가게 주인이 넌지시 그 교회 교인에게 물어보았습니다.
"요즘 교회가 조용하네요?"
교인이 웃으며 대답했습니다.
"서로 잘 만나서 그래요."
가게 주인이 호기심 어린 표정으로 되물었습니다.

"뭐가 서로 잘 만났다는 거요?"

교인이 그 사연을 이야기하는데, 새로 오신 목사님의 첫 번째 설교가 기가 막혔다는 것입니다. 설교의 제목은 "우리 서로 잘 만났습니다"였다고 합니다.

"제가 이 교회에 부임하여 이 자리에서 둘러보니 양들은 보이지 않고 늑대와 이리들만 보입니다. 사실 요즘 교회 안에 양 같은 교인이 어디 있습니까? 늑대와 이리 떼에 잡아먹혀서 하나도 없다고 합니다. 그런데 솔직히 고백하는데 저도 선한 목자가 아닙니다. 저도 삯꾼입니다. 세상에 요즘 목사치고 삯꾼 아닌 사람이 어디 있습니까? 그러니 우리 서로 잘 만났습니다. 늑대와 삯꾼이 만났으니 이제부터 제가 혹시 뭐 잘못하면 '어휴, 삯꾼이니까 그렇지' 이렇게 생각해주시고 뭐 잘하는 게 있으면 '와, 삯꾼치고는 잘하네' 이렇게 생각해주세요. 저도 여러분이 뭐 잘못하면 '어휴, 늑대니까 저렇지', 잘하면 '늑대가 저 정도면 괜찮은 거지' 그렇게 생각하겠습니다. 그러면 우리는 참 잘 만난 것입니다."

그런데 그 설교를 듣고 나서 교인들이 바뀌기 시작했다고 합니다. 교인들 중에 목사에 대한 불만이 있으면 한 사람이 "아니, 삯꾼이 저 정도면 됐지"라고 했고, 교인들끼리 서로 마음에 안 들면 "그 정도면 늑대치고 괜찮아" 하고 인정하기 시작하자 교회에 다툼이 사라졌습니다. 몇 년 후, 교회 안에 늑대들이 다 사라지고 착한 양들로 가득하게 되었다고 합니다. 웃자고 만든 이야기겠지만 뼈 있는 이야기입니다.

우리가 교회 안에서 서로 갈등하고 싸우는 것을 아무렇지 않게 받아들이는 것이야말로 스스로 교회를 부정하는 것이나 마찬가지입니다. 우리가 진짜 주님 안에 거하기 시작하면 우리는 얼마든지 하나가 될 수 있습니다. 정말 놀라운 주님의 열매가 맺어지기 시작합니다.

성령의 열매는 철저히 부산물입니다. 여러분, 사과가 어떻게 익습니까? 태양 아래서 저절로 익습니다. 나무가 열매를 맺으려고 노력할까요? 줄기도 잎도 뿌리도 그저 살아 있고 건강하기만 하면, 때가 되면 열매는 저절로 맺습니다. 열매는 하나님이 맺어주시는 것입니다. 그래서 우리가 과일 열매를 따먹으면서 나무에 감사하는 것이 아니라 하나님께 감사하는 것입니다.

우리가 성령의 열매를 어떻게 맺지요? 열매를 맺기 위해 애를 쓰니까 맺어지는 것입니까? 우리가 예수님과 살고 주님을 바라보고 주님 안에 거하며 살다보면 어느 순간에 성령의 열매가 맺어지는 것입니다. 내가 맺는 것이 아니라 주님을 바라보니까 주님이 나를 통해 맺으시는 것입니다. 성령의 열매를 맺는 것은 이렇게 쉬운 것입니다. 우리가 주님 안에 거하면 주님이 우리를 그렇게 만드시는 것입니다.

## 주님 안에 거하는 자로 사는 사명

가장 복된 것, 가장 행복한 것은 주님이 우리와 함께하신다는 것입니다. 하나님이 아브라함에게 약속하셨습니다. "내가 함께할 것이다." 야곱에게, 요셉에게, 모세에게도 약속하셨습니다. 여호수아에게도 약속하셨어요. "내가 너와 함께하겠다." 하나님께서 하나님의 사람들에게 약속하신 것은 이 하나입니다. 예수님도 제자들에게 약속하셨어요. "내가 너희와 함께하겠다. 세상 끝날까지 너희와 항상 함께 있으리라." 그리고 오순절 마가의 다락방에 성령으로 임하셨습니다. 요한복음 15장 5절 말씀이 성취된 것입니다. 우리 가운데 주님이 오셨습니다. 우리는 그 약속이 성취된 놀라운 삶을 살고 있습니다.

하나님이 함께하시면 우리는 모든 것을 할 수 있습니다.

내게 능력 주시는 자 안에서 내가 모든 것을 할 수 있느니라 빌 4:13

능력 주시는 자 안에서, 주님 안에서 우리가 모든 것을 할 수 있다는 이 말씀을 믿으시기 바랍니다. 우리는 전적으로 타락한 존재이지만, 우리가 주님 안에 있으면 우리는 성령의 열매가 맺어지는 자가 되는 것입니다. 우리에게 성령의 열매가 맺어지지 않는다면 그것은 예수님의 전능하심을 믿지 못해서가 아니라 임마누엘이신 주 예수님의 존재를 믿지 못하기 때문입니다. 그러므로 우리는 끊임없이 이 믿음의 고백을 훈련해야 합니다.

"주님이 나와 함께 계신다!"

"주님은 나를 지키신다!"

"주님은 나를 통해서 성령의 열매를 맺으신다!"

"주님은 내 성품을 변화시키신다!"

"주님은 나를 바꾸신다!"

이것을 마음으로 믿고 입술로 고백하고 24시간 주 예수 그리스도를 의지한다면 성령의 열매가 맺어지게 됩니다.

여러분, 우리는 이 세상을 사는 것 자체가 사명입니다. 우리가 가정에 있다는 것 그 자체가 사명입니다. 우리가 직장에 있는 것이 사명입니다. 이 땅을 걸어 다니는 것 자체가 사명입니다. 그냥 걸어 다니기만 하라는 것이 아닙니다. 원수도 사랑하는 사람, 항상 기뻐하는 사람, 범사에 감사하는 사람, 어떤 일에도 낙심하지 않는 사람, 두려움과 염려가 없는 사람, 은밀한 죄도 지을 수 없는 사람, 고난도 축복이라고 여기는 사람, 이런 사람이 여러분 옆에 있다고 생각해보십시오. 여러분의 가정에, 여러분의 직장에, 여러분의 동네에 그런 사람이 있다면 얼마나 위로가 되고 감사하고 기쁘겠습니까? 그런 사람이 있다는 것만으로도 세상 살맛이 나고 아직 희망이 있다는 생각이 들 것입니다.

여러분 주변에 그런 사람이 있습니까? 내 남편이 그렇고, 아내가 그렇고, 부모님이 그렇고, 직장 상사가 그런 사람이라면 얼마나 놀라운 일이겠습니까? 그런데 하나님은 그런 사람이 바로 여러분 자신이어야 한다고 말씀하십니다. 지금 나의 가정과 직장이라는 사명지에 있으면서 특별하게 무엇을 하라는 것이 아닙니다. 주님 안에 거하면서 성령의 열매가 맺어지는 그 자체야말로 모든 이들에게 기쁨이며 희망이 됩니다. 우리가 진정 주님 안에 거하는 자로 사는 것 자체가 사명입니다. 이것은 정말 황홀한 일입니다.

## 주님 안에 거하기만 하라!

저는 존재론적으로 죄인입니다. 저에게는 죄밖에 없고 저는 선한 일을 할 수 있는 사람이 못 됩니다. 그런데도 제가 낙심하지 않는 것은 주님이 제 안에 계신 것을 알기 때문입니다. 주님이 제 안에 계시지 않다면 일어날 수 없는 일들이 제 안에서 일어나고 있기 때문입니다. 복음 안에 하나님의 의가 드러났고 주 예수님께서 제 안에 임하셨습니다. 그래서 항상 "나는 죽었습니다"라고 고백하며 주 예수님을 바라봅니다. 제가 할 일은 그것뿐입니다.

"24시간 예수님을 바라보라"고 하니까 어떤 분이 저에게 "어떻게 사람이 24시간 예수님을 바라볼 수 있습니까? 그것은 분명 거짓말입니다! 본인은 그렇게 하십니까? 본인도 할 수 없으면서 교인들에게 어떻게 그렇게 하라고 합니까?"라고 말했습니다. 실제로 24시간 예수님을 바라볼 수 있겠습니까? 아침에 잠자리에서 일어나 저녁에 다시 잠자리에 들 때까지 사람들을 만나고 일을 하면서 어떻게 예수님만을 바라볼 수 있습니까?

24시간 예수님을 바라보라는 중요한 포인트는 주 예수님을 향한 우리 마음의 갈망에 있습니다. 즉, 예수님을 간절히 원하고 예수님께 생각을 고정하라는 것입니다. 그동안 구원의 능력이 없는 것들에 눈이 돌아갔다면, 이제 나 자신을 구원하신 분께로 마음을 향하라는 것입니다. 그동안 우리의 눈과 마음을 빼앗은 것들이 무엇이든, 심지어 그것이 교회 사역이라 할지라도, 예수님보다 더 우리 마음을 빼앗았다면 그것은 우상숭배입니다. 우리가 그것을 주인으로 삼았기 때문입니다.

24시간 예수님을 바라보겠다는 것은 이제 더 이상 그런 것에 눈과 마음을 빼앗기지 않겠다는 것입니다. 우리 자신이 주인인 삶을 포기하겠다고 결단하는 것입니다. 24시간 예수님을 바라보는 것은 결코 지나친 것이 아닙니다. 오히려 성경은 예수님과 세상 사이에서 갈팡질팡하는 미지근한 신앙생활이 얼마나 비참한 결과를 가져오는지 분명히 경고합니다.

네가 이같이 미지근하여 뜨겁지도 아니하고 차지도 아니하니 내 입에서 너를 토하여 버리리라 계 3:16

모든 열매는 아주 작은 열매에서부터 자랍니다. 그러니 작은 변화라고 결코 무시하지 말아야 합니다. 이전에는 사랑할 수 없던 사람이 불쌍한 영혼이라는 생각이 들고, 그래서 좀처럼 용납하기 어려웠던 일들도 조금씩 용납이 됩니다. 또한 예전 같으면 마음이 완전히 무너졌을 텐데, 지금은 그 안에서 기쁨과 의미를 발견하게 됩니다. 이런 작은 변화를 무시하지 말아야 합니다. 이것이 성령의 열매가 맺어지고 있다는 증거입니다.

저에게 보내주신 메일 중에 이런 내용이 있습니다. "부디 초심을 잃지 말아달라", "한국 교회에 존경할 만한 분들이 많이 넘어지고 있는데, 더 이상 희망을 저버리지 말고 귀한 축복의 통로의 사명을 잘 감당해달라"는 것입니다. 한 청년은 제가 항상 겸손하고, 음란에 빠지지 않고, 세상 명예가 아닌 오직 주님 때문에 즐거워하게 해달라고 기도한다고 했습니다. 그럴 때 제가 어떻게 자신 있게 그렇게 하겠다고, 염려하지 말라고 할 수 있겠습니까? 많은 분들의 이런 기도와 요청에 대해 제가 할 수 있는 것이 무엇입니까? 사실 그 분들이 저에게 요구하시는 것은 오직 하나, 주님 안에 거하기만 해달라는 것입니다.

성령의 열매는 우리가 맺는 것이 아니라 예수님이 맺어주십니다. 이 사실이 정말 놀라운 것입니다. 맺어야 하는 것이 아닙니다. '맺어지는' 것입니다!

1. 성령의 열매 맺는 자가 되게 하소서. 세상 사람들에게 주님이 지금 우리와 함께하심을 증거하게 하소서.

2. 버려지는 가지가 아니라 깨끗하게 하시는 가지가 되게 하소서. 회개함으로 깨끗해져서 열매를 더 맺게 하소서.

3. 주님 안에만 거하는 자가 되게 하소서. 언제나 주님 바라보며 주님의 음성을 들으며 주님께만 순종하게 하소서.

# 너희도
## 서로 사랑하라

³⁴ 새 계명을 너희에게 주노니 서로 사랑하라 내가 너희를 사랑한 것같이 너희도 서로 사랑하라 ³⁵ 너희가 서로 사랑하면 이로써 모든 사람이 너희가 내 제자인 줄 알리라

요한복음 13:34,35

사랑은 기독교 신앙의 핵심입니다. 사랑으로 소문난 사람이어야 진짜 그리스도인이고, 사랑으로 소문난 교회여야 진짜 예수님의 교회입니다. 자신이 예수님을 제대로 믿는지 안 믿는지는 내 주위 사람들에게 사랑으로 소문이 났는지 점검해보면 압니다. 여러분이 속한 교회가 정말 주님의 교회인지도 사랑으로 소문난 것을 보고 아는 것입니다. 예수 믿는 가장 놀라운 특징이 '사랑'입니다. 우리가 이 점을 절대 양보하지 않기를 바랍니다. 그래야 주님이 우리를 사랑으로 세우시고 우리 안에 사랑의 열매를 맺으십니다.

## 원수까지 사랑하는 사랑

지금 사랑하고 있는 사람이 누구입니까? 아마 가족이 가장 먼저 떠오를 것입니다. 부모, 형제, 자녀, 더 나아가 조부모님을 비롯한

친인척들도 생각날 것입니다. 사랑하는 사람에게는 내가 가진 것도 기꺼이 내어줄 수 있을 것 같습니다. 특히 자녀에 대한 사랑은 그 어떤 사랑보다 큽니다. 내가 덜 먹고 못 입어도 자녀에게는 더 좋은 것, 더 많은 것을 챙겨주고 싶은 것이 부모의 마음입니다.

물론 가족 외에도 특별히 사랑하는 사람이 있습니다. 유난히 아끼는 친구, 보기만 해도 행복해지는 사람도 있습니다. 가족은 아니지만 어떤 경우에는 가족보다 더 의지하고 어떤 부탁도 들어줄 만큼 신뢰하는 사람도 있습니다. 그밖에 가깝지는 않아도 특별히 존경하고 따르는 유명인이라든지, 혹은 동경하는 사람도 있을 것입니다.

그런데 우리가 이런 사람들을 사랑한다고 해서 사랑의 열매를 맺는다고 할 수 있을까요? 우리는 착각합니다. 친구에게 헌신적인 사랑을 베풀고, 내가 아는 성도의 어려움을 헤아려 도움을 주고, 가족을 위해 희생하고 있으니까 하나님께서 말씀하시는 사랑을 실천하고 있다고 말입니다. 그러나 하나님께서 우리에게 원하시는 사랑은 일반적으로 세상이 말하는 사랑과는 차원이 다릅니다.

초대 교회 지도자 터툴리안(Tertullian)은 초대 교인들이 "여러분은 그리스도인들처럼 사랑하는 사람들을 본 일이 있습니까?"라는 말로 전도를 시작했다고 전합니다. 이것은 그리스도인의 사랑이 다른 사람들의 사랑과는 분명히 다른 점이 있음을 의미합니다. 그렇다면 어떤 차이가 있는 것일까요? 하나님께서 성령의 열매로서 우리에게 요구하시는 사랑은 원수까지 사랑하는 것입니다.

> 새 계명을 너희에게 주노니 서로 사랑하라 내가 너희를 사랑한 것같이
> 너희도 서로 사랑하라 요 13:34

예수님은 이 말씀으로 '사랑의 기준'을 명확히 말씀하셨습니다. 예수님이 우리를 어떻게 사랑하셨습니까? 우리를 위해 대신 죽으셨습니다. 예수님과 우리가 어떤 관계였는데요? 원수 관계였습니다. 하나님과 우리가 죄로 인해 원수 관계였는데 예수님께서 그런 우리를 위해 십자가에 죽으셨습니다. 예수님이 그렇게 하신 것처럼 "너희도 서로 사랑하라"는 것입니다. 그러니까 이것은 친한 것과 다릅니다. 우리가 흔히 "형제님, 사랑합니다" 이렇게 인사하는 것과 다른 문제입니다. 단적으로 말해서 원수를 사랑하는 것입니다. 이것이 주님이 말씀하시는 사랑의 기준입니다.

## 내가 너희를 사랑한 것같이

> 나는 너희에게 이르노니 너희 원수를 사랑하며 너희를 박해하는 자를
> 위하여 기도하라 이같이 한즉 하늘에 계신 너희 아버지의 아들이 되리
> 니 이는 하나님이 그 해를 악인과 선인에게 비추시며 비를 의로운 자와

불의한 자에게 내려주심이라 마 5:44,45

많은 성도들이 이 말씀을 두려워합니다. 자신이 없어 해요. 그러나 우리가 하나님의 아들이고 딸인 것은 원수를 사랑하고 그를 위해 기도하는 것을 보고 알 수 있습니다. 만일 그렇지 않다면 우리는 절대 하나님의 아들딸이 아닙니다. 나중에 하나님 앞에 갔을 때 교회는 다녔지만 그런 말씀은 한 번도 들은 적이 없다고 그러시면 안 됩니다. 분명히 기억하시기 바랍니다. 그러면 "어떻게 원수도 사랑할 수 있느냐?"는 것입니다. 이것이 참으로 중요하면서도 두려운 것입니다.

사랑할 만한 사람을 사랑하는 것은 사랑의 열매를 맺은 것이 아닙니다. 이것은 세상 사람들도 다 할 수 있는 일입니다. 지금 가슴에 손을 얹고 생각해보십시오. '나는 과연 원수를 사랑하고 있는가? 나에게 경제적으로 큰 손실을 안겨준 누군가를 용서하고 사랑하고 있는가? 나에게 가슴 깊이 상처를 준 누군가를 용서하고 사랑하고 있는가? 나의 앞길을 막고 있는 사람을 용서하고 사랑하고 있는가? 이유 없이 비호감인 사람, 관심 갖기 싫은 사람, 과거 내게 아픔을 주었던 그 사람을 사랑하고 있는가?'

그런데 하나님께서 이 모두를 품으라고 하십니다. 그들조차 사랑하는 것이 사랑의 열매를 맺는 것이라고 하십니다. "내가 너희를 사랑한 것같이"(요 13:34), 이것이 그리스도인의 사랑의 기준입니다. 예수님의 사랑은 원수도 사랑하신 십자가의 사랑입니다. 이 말씀이 마음에 걸리지는 않습니까? 생각하기도 싫고 너무 부담스러워서 '안돼요', '못해요', '나도 힘들어요'라는 마음은 아닙니까?

남미에서 사역하시는 선교사님이 쓰신 동행일기를 읽다가 선교사님이 많이 힘드시겠다는 생각을 했습니다. 하루는 선교센터에 현지 경찰들이 들이닥쳤다고 합니다. 예배당 건축을 위해 모아둔 목재 창고가 불법이라며 경찰서장부터 말단까지 찾아와 협박하기 시작했다는 것입니다. 물론 목재는 모두 합법적으로 구입한 것이었습니다. 현지 사역자들까지 나서서 그 나라의 고아와 과부와 가난한 이들을 돕는 선교사님의 사역을 설명했지만 그들은 무조건 감옥에 집어넣겠다고 막무가내였습니다.

오랜 협박 끝에 그들이 드러낸 본심은 관행상 목재 값의 반을 내놓으라는 것이었습니다. 한화로 수천만 원에 달하는 돈을 요구하자 선교사님은 차라리 감옥에 가겠다고 했고, 현지 사역자들이 경찰서장을 가까스로 설득하여 미화 만 불로 조정했지만 선교사님은 그래도 뜻을 굽히지 않았습니다. 결국 3천 불을 주고 없던 일로 하기로 하여 여기저기 수소문한 끝에 어렵게 돈을 만들어서 경찰서장에게 전화를 했는데 통화 연결음이 복음성가였다는 것입니다.

그때 선교사님의 가슴이 무너졌다고 합니다. 그 나라에서는 어지간한 믿음이 아니고서는 복음성가를 통화 연결음으로 쓰지 않는데, 전화 통화 연결음을 복음성가로 해놓았다면 그가 얼마나 고백적인 크리스천이겠습니까? 아마 어느 교회의 자랑스러운 집사나 장로쯤 되었던 모양입니다. 선교사님은 무거운 나무를 짊어지고 나르느라 생긴 통증이 너무 심해져서 비명을 질렀습니다.

'세상에, 이럴 수가. 내가 이러려고, 이 대접 받으려고 온 몸이 망가지고 부서져라 사역을 했던가.'

그런데도 주님은 사랑할 수 없는 그 사람들을 사랑하라고 하신다는 것입니다. 선교사님은 일기 마지막에 이렇게 쓰셨습니다.

"그런데도 이들을 사랑해야 한다는 마음을, 인간이기 때문인지 도저히 내 힘으로는 내 안에 채울 수가 없어서 주님의 이름을 눈물로 부릅니다."


## 사랑하게 될 것이라는 믿음

원수를 사랑한다는 것은 불가능한 일입니다. 만약 원수도 사랑해야 구원받는 거라면 우리는 구원받기 틀렸습니다. 그러니까 우리가 이 사랑을 잘 알아야 됩니다. 그렇지 않으면 사랑은 아예 할 수 없는 것이라고 제쳐두고 진짜 사랑이 없는 기독교인이 됩니다. 그런데 사랑이 없는 기독교인이 제일 나쁜 사람입니다. 왜냐하면 자기도 구원받지 못하고 남도 구원받지 못하게 하기 때문입니다. 예수를 믿는다고 하면서도 율법적인 사람들이 있습니다. 사실 그들이 복음의 문을 가로막고 있는 것입니다. 예수 믿는 사람은 어떤 사람입니까? 서로 정말 사랑하는 사람입니다.

사실 복음은 듣기에 따라서 좀 독선적입니다. "예수를 믿어야만 구원받는다", "기독교 외에 다른 종교는 다 지옥 간다" 이렇게 들리기 때문입니다. 그러니까 사람들이 예수 믿는 복음을 싫어하고 핍박하는 것입니다. 그러나 우리가 명확한 복음을 전하는 동시에 우리 안에 원수도 사랑하는 사랑이 있다면 우리를 미워할 수 없습니다. 때가 되면 마음을 열고 주께 돌아옵니다. 그런데 우리에게 사랑이 없다면, 그러면 자녀조차 전도가 안 됩니다. 엄마아빠가 예수를 믿어도 아주 열심히 믿는 사람들이라는 것을 자녀들이 다 아는데, 그 엄마아빠에게 사랑이 없다면 그것은 자녀의 가슴에 복음의 문을 완전히 못질해놓는 것입니다. 정말 무서운 일이죠.

요한 사도는 "우리가 서로 사랑하자"라고 말씀했습니다.

사랑하는 자들아 우리가 서로 사랑하자 사랑은 하나님께 속한 것이니 사랑하는 자마다 하나님으로부터 나서 하나님을 알고 사랑하지 아니하는 자는 하나님을 알지 못하나니 이는 하나님은 사랑이심이라

요일 4:7,8

사랑하지 않는 자는 하나님을 알지 못합니다. 사랑은 하나님을 믿느냐 안 믿느냐를 가르는 중요한 기준입니다. 사랑은 할 수 있으면 하고 힘들면 안 해도 되는 것이 아닙니다.

사랑하는 자들아 하나님이 이같이 우리를 사랑하셨은즉 우리도 서로 사랑하는 것이 마땅하도다 요일 4:11

우리가 서로 사랑하는 것이 "마땅하도다"라고 말씀하신 것을 명심해야 합니다. 우리는 하나님의 말할 수 없는 사랑을 받아 구원받았습니다. 그러니까 우리도 다른 사람을 그렇게 사랑하는 것이 마땅합니다. 그런데 여기서 많은 성도들이 절망을 느낍니다. 예수를 믿기는 믿어도 사랑으로 소문나지 않았고, 원수를 사랑할 자신도 없기 때문입니다. 원수도 사랑하라는 말씀이 너무 부담스럽고 그대로 살 수 있다고 믿어지지 않습니다. 왜냐하면 사랑을 율법으로 받아들이기 때문입니다. 원수도 사랑해야 한다고 여기는 것입니다. 다시 말해서 하나님께서 우리에게 사랑하라고 요구하신다고 생각합니다.

주님은 분명히 "서로 사랑하라"는 새 계명을 주셨습니다. 그러나 이것은 우리 힘으로 사랑하라고 말씀하신 것이 아닙니다. 요한복음 13장, 14장, 15장은 장차 성령이 오셔서 우리와 함께하시고, 주님을 바라보게 하시고, 우리를 도우실 것에 대해 말씀하시며 아울러 성령께서 우리로 하여금 사랑하게 해주실 것을 말씀하시는 것입니다. 우리가 예수님을 믿으면 우리 안에 성령이 오셔서 우리로 하여금 사랑하게 만들어주실 것이기 때문입니다. 그래서 이것을 성령의 열매라고 하는 것입니다.

갈라디아서 5장 22절에도 분명히 사랑은 성령의 열매라고 했습니다. 성령의 열매 중에 첫 번째가 사랑입니다. 이 말은 모든 열매 중에 대표라는 것이고 다른 모든 열매가 그 속에 들어 있다는 뜻이기도 합니다. 그러나 가장 중요한 의미는 "사랑은 그냥 되어진다"는 것입니다. 하나님께서 우리의 죄를 사하실 뿐 아니라 성령을 보내셔서 용서하고 사랑하며 살게 해주신다는 것입니다. 이것이야말로 복음입니다.

하나님께서는 "사랑하라"가 아니라 "사랑하게 될 것이라"고 말씀하시는 것입니다. 여러분, 이 사실이 얼마나 놀라운지 아셔야 됩니다. '원수도 사랑하라고? 아, 나는 그를 어떻게 사랑할지 모르겠어. 그럴 능력과 자신이 없어. 그리고 싶은 마음도 없어' 그러시면 안 됩니다. '아, 원수도 사랑하게 되겠구나! 나는 나 자신도 사랑하지 못하고 가족도 사랑하지 못했는데, 이제 예수를 믿었으니 주님이 나로 하여금 원수도 사랑하게 만들어주시겠구나. 어떻게 원수도 사랑할 수가 있지? 그런 기적이 어떻게 내게 일어날까?' 이런 설렘을 가지셔야 합니다. 이것이 믿음입니다.


## 1만 달란트 빚진 나의 이야기

그러나 이 말은 가만있으면 언젠가 저절로 사랑하게 된다는 뜻이 아닙니다. 우리가 십자가의 놀라운 은혜, 말할 수 없는 하나님의 사랑을 알고 귀에 못이 박히도록 들었지만 그렇다고 원수 사랑이 절로 되지는 않습니다. 예수님께서 이것을 비유로 말씀하셨습니다. 만 달란트 빚진 사람이 만 달란트를 전부 탕감받고 나서 자기에게 백 데나리온 빚진 자를 잡아 감옥에 집어넣었다는 것입니다. 1만 달란트면 5조 원에 해당하는 어마어마한 돈이고, 1백 데나리온은 1천만 원 정도입니다. 아니 어떻게 자신은 1만 달란트나 탕감을 받았으면서 자기에게 1백 데나리온 빚진 사람을 감옥에 집어넣을 수 있는지, 이 이야기를 들은 사람들은 하나같이 혀를 찰 것입니다. 그렇지만 내가 아무리 큰 은혜를 받았더라도 자동적으로 남을 사랑하게 되는 것은 아닙니다.

이 비유에 대하여 복음기도신학연구소의 유영기 교수님이 우리가 이해할 수 있는 설명을 해주셨습니다. 유영기 교수님은 이 사람이 1만 달란트의 빚을 탕감 받은 후 얼마의 시간이 지나서 이 일이 벌어졌는지에 대해서는 성경에 따로 언급이 없다고 지적합니다. 만약 큰 은혜를 입은 직후에 그런 일을 했다면 누가 봐도 납득하기 어려울 것입니다. 그러나 1년이 지나고, 5년이 지나고, 10년이 지나고, 30년이 지난 후 그렇게 했다면, 오랜 시간이 흐르고 마음의 감동이 다 사그라지고 나서 그랬다면 어느 정도 이해가 됩니다. 1만 달란트 빚진 자가 1백 데나리온 빚진 자를 감옥에 집어넣은 이 이야기는 우리 자신의 이야기입니다. 우리는 충분히 그럴 만한 사람들이기 때문입니다.

처음 십자가 복음의 은혜를 알게 되고 성령을 받았을 때 기뻐 춤을 추며 모든 사람을 사랑만 하며 살겠다고 결단했던 분들이 우리 중에 얼마나 많습니까. 그런데 그 은혜와 감동이 계속 갑니까? 교회 안에서 성도끼리 서로 싸우고, 가족끼리 사랑하며 살지 못하는 모습을 보면 너무 안타깝지만 그것은 복음을 몰라서 그런 것이 아닙니다. 십자가의 은혜를 설교하는 목사도 사랑으로 살지 못하는 이 기막힌 현실을 어떻게 설명해야 할까요?

　　지금 우리 자신의 모습을 돌아보십시오. 처음 복음을 듣고 하나님의 놀라운 사랑을 알게 되었을 때, 성령을 체험하고 하나님의 살아 계심을 알게 되었을 때 어떠했습니까? 자신이 하나님의 자녀라는 것을 알고 얼마나 감사했습니까? 그때는 하나님을 위해서 자신의 모든 것을 내어놓을 수 있었습니다. 남은 인생도 하나님을 위해서 살리라 다짐했고 모든 사람을 사랑할 수 있으리라 자신했습니다. 그런데 지금 어떻습니까? 다른 사람에 대해 더 까다로워집니다. 원수도 사랑하라는 말씀이 부담스럽습니다. 사랑이라는 성령의 열매를 맺으려면 우리는 먼저 자기 방식대로 사랑하는 것을 버려야 합니다.

## 그 사람의 아픔이 무엇인지 아는가?

많은 사람들이 사랑한다고 말하는데 자기 방식대로 사랑합니다.

켄 가이어의 《묵상하는 삶》(두란노)에 나오는 이야기가 있습니다. 어떤 랍비가 서재에 앉아 있는데, 누가 방문을 두드렸습니다. 랍비의 제자 중 하나였습니다.

"선생님, 제가 선생님을 얼마나 사랑하는지, 그 말씀을 꼭 드리고 싶었습니다."

랍비는 책을 내려놓고 안경 너머로 그를 쳐다보았습니다.

"나를 아프게 하는 것이 무엇인가?"

제자는 어리둥절하여 랍비를 바라보았습니다.

"네?"

"나를 아프게 하는 것이 무엇이냐고?"

랍비가 다시 물었습니다. 제자는 할 말을 찾지 못하고 서 있다가 어깨를 으쓱하며 대답했습니다.

"모르겠습니다."

그러자 랍비가 이렇게 되물었습니다.

"나를 아프게 하는 것이 무엇인지도 모르면서 어떻게 나를 사랑할 수 있다는 거지?"

이 이야기가 제 마음을 깊은 곳까지 뒤집어놓았습니다. 그동안 제가 사랑한다고 말했던 사람들을 한 사람씩 떠올려보았습니다.

'나는 그의 아픔을 알고 있는가?'

그 사람이 무엇을 아파하는지 모른다면 사랑하는 것이 아니었습니다. 사랑한다고 생각하고, 사랑한다고 말만 했던 일들이 너무 많았습니다. 실제로 그 사람은 사랑을 전혀 느낄 수 없었는데 말입니다. 이것이 우리 방식으로 하는 사랑의 한계입니다. 가령 부모는 자녀를 사랑한다고 하면서 학원과 과외 등을 동원하여 공부를 시키고, 또 그 교육비를 벌기 위해 자녀와 함께하지 못한 채 일터에서 전전긍긍합니다. 그러면서도 자신은 '아이를 위해 희생하고 있다', '아이를 사랑한다'고 생각합니다. 그러는 동안 자녀들이 다 망가지는데도 말입니다. 부부 간에도 배우자를 끊임없이 의심하면서 다 사랑하기 때문이라고 말하기도 합니다. 그러나 그것으로는 결코 사랑의 열매를 맺지 못합니다. 그 사람의 아픔이 무엇인지 모른다면 사랑한 것이 아닙니다.

## 하나님나라의 가족을 사랑하는 눈

우리가 원수도 사랑하는 사랑, 상대에게 기쁨이 되고 복이 되는 사랑을 주기 원한다면 주님께 초점을 맞춰야 합니다. 성령의 열매의 사랑은 성령께 온전히 의지하고 성령께 온전히 순종하는 사람을 통해 맺어집니다. 성령의 인도를 받으면 도무지 사랑할 수 없는 사람을 보는 눈이 열리게 됩니다.

사실 우리에게는 무한한 용서의 능력, 사랑의 능력이 있습니다. 여러분은 자녀가 태어난 이후 지금까지 몇 번이나 자녀를 용서하신 것 같습니까? 아마 계산할 수 없을 것입니다. 하도 많이 용서해서 기억도 나지 않습니다. 그렇게 용서하고도 용서한 줄 모릅니다. 그만큼 우리에게는 용서의 능력이 있습니다. 가족이 아닌 사람과 가족은 생각하는 마음부터가 벌써 다릅니다. 가족끼리 서로 싸우기도 하고 가족에게 아무리 허물이 있어도 내 가족 이야기는 다른 사람들에게 함부로 하지 않습니다. 내 가족은 일단 감싸줍니다. 이렇게 우리 안에 얼마든지 용서하고 숨겨주고 붙들어주고 기다려주는 사랑의 능력이 있습니다.

우리의 문제는 성령께서 교인 한 사람 한 사람을 하나님나라의 가족으로 보는 눈을 열어주시느냐 하는 것입니다. 원수를 가족으로 여기는 눈이 열리느냐 하는 것입니다. 손양원 목사님께서 그러셨지요. 문제는 우리에게 그 눈이 뜨이지 않았다는 것입니다. 내 아이, 내 가족을 향해 갖는 마음을 영적으로 한 가족인 교우들에게도 품게 되지는 않는 것입니다.

성령의 열매는 아주 간단합니다. 다른 사람을 보는 내 눈이 바뀌고 내 마음이 바뀌어서 그들을 품을 수 있게 되는 것, 그것이 성령께서 하시는 역할입니다. 우리가 계속 성령님을 의지하고 주님을 바라보고 살면 우리 눈이 그렇게 열립니다.


## 내게 선물 같은 사람

우리는 본능적으로 매우 까다롭습니다. 내가 사랑할 수 없고 거부감이 들고 비위에 거슬리는 사람은 어떻게든 피하려고 합니다. 거리를 두고 싶어 하고 만나기 싫어합니다. 그런데 사실 내게 가시 같은 사람, 나를 힘들게 하는 사람, 진짜 원수 같은 그 사람이 하나님이 내게 보내주신 귀한 선물입니다. 우리에게 성령의 열매를 맺게 하는 도구입니다.

공개적으로 매일 페이스북에 칼럼을 쓰다보니 무례한 사람들의 댓글이 달릴 때가 종종 있습니다. 특히 어떤 특정 사안에 대해서 어느 때는 정말 곤혹스러울 만한 댓글이 달리기도 합니다. 그럴 때 마음이 엄청 상해요. 사람들의 비난이나 싫은 소리 듣는 것이 좋을 리 없습니다. 논리도 거칠고 태도도 무례하고 주님과 친밀함도 없어 보입니다. 그러면 나도 같은 태도로 맞받아치고 싶습니다. 나를 사랑해주는 교우들과 목회하면 되지, 왜 굳이 칼럼을 공개해서 이런 고생을 하나 싶은 마음도 일어납니다.

한번은 이 문제를 가지고 나아가 기도하는데, 하나님께서 그 일이 주는 유익에 대해 말씀해주셨습니다. 부정적인 댓글을 다는 사람을 통하여 한 번 더 생각해보고, 내 생각이 정말 옳은지 돌아보고, 그들이 왜 그런 주장을 하는지 신중히 살펴볼 수 있다는 것입니다. 하나님께서는 제가 한쪽으로 치우치거나 독선적인 생각에 빠지지 않게 하려고 그런 사람을 통해 역사하시는 것입니다. '아, 하나님께서 내게 꼭 필요한 일이기 때문에 그렇게 하셨구나.' 마음이 상해서 칼럼 쓰기를 중단했다면 잠깐은 편할지 모르지만, 하나님이 원하시는 온전한 성숙함으로 나아가기 위해 나 자신을 돌아보는 일에 더 이상의 진보는 없었을 것입니다.

교회 안에서 성도들끼리 교제할 때도 분명하게 성령의 도움을 받아야 합니다. 내게 아주 잘하는 사람, 보기만 해도 사랑스러운 사람이 있는 반면 정말 가까이하기 싫은 사람도 있습니다. 그 사람과 정말 엮이기 싫은데 이상하게 같이 엮일 때 성령의 도움을 받으시기 바랍니다. '하나님께서 왜 이 사람과 나를 이렇게까지 연결시키시나?' 하나님은 내 성품, 생각, 믿음이 더 성숙하고 그리스도의 성품에 이르게 하는 데 꼭 필요하기 때문에, 그 사람이 가시처럼 느껴질수록 그 사람이 내게 더욱 필요하기 때문에 그렇게 하시는 것입니다.

예를 들어 완벽주의자인 사람은 인간관계는 좋은데 시간을 지키지 못하고 일 처리가 깔끔하지 못한 사람을 견디기 어려워합니다. 나중에는 눈엣가시처럼 여깁니다. 그러나 다른 관점에서 보면 그 사람은 완벽주의자에게 정확한 일 처리와 진실한 인간애 사이의 균형을 일깨워주는 자극제 역할을 해주는지도 모릅니다.

6세기의 한 켈트 성인의 이야기인 프레드릭 부크너의 소설《브렌단》에 보면, 주인공이 머나먼 참회의 항해에 오르는 장면이 나옵니다. 주인공인 브렌단은 성격이 매우 강한 사람입니다. 브렌단은 교만하고 화를 잘 냈습니다. 마음에 들지 않는 사람에게 폭언을 퍼붓는 사람입니다. 그런데 그의 지도 아래 있던 한 젊은 사제가 브렌단의 불같은 성질을 감당하지 못하고 그만 비극적인 죽음을 맞이하는 사고가 발생하게 되었습니다. 자신 때문에 젊은 사제가 죽자 그는 바다로 나가 참회의 시간을 갖기로 결심하였습니다.

그 옛날 배를 타고 먼 바다로 나간다는 것은 고역입니다. 그런데 그는 고행의 길에 자기를 도와줄 사제로 말로라는 의외의 인물을 골랐습니다. 말로는 비열하고 심보가 고약한 수사였습니다. 사람들이 깜짝 놀랍니다. 이왕 데려갈 거면 순종적이고 착하고 성실한 사람을 데려가지 왜 말로 같은 사제를 데려가나 싶었기 때문입니다. 말로는 항해를 하면서 자기 성질대로 틈만 나면 브렌단을 괴롭혔습니다. 브렌단이 범한 잘못과 죄를 그의 면전에서 들춰내어 아픈 곳을 찔러댔습니다. 브렌단이 뭔가 잘못할 때마다 깔깔대고 비웃고 끊임없이 고통을 주었습니다. 그런데도 브렌단은 이 고약한 말로에게 자신의 죄를 정기적으로 고백하기로 다짐합니다. 그리고 그로부터 기도를 받았습니다.

브렌단이 왜 그렇게 했을까요? 브렌단이 항해 동반자로 말로를 택한 것이 지나친 자기학대로 보일 수도 있습니다. 브렌단은 말로가 비위를 상하게 하고 아무리 자기를 괴롭혀도 그에 못지않게 그가 자신의 구원인 것을 알았습니다. 말로의 무자비한 가시는 교만 때문에 넘어졌던 브렌단에게 자신이 그토록 갈망하는 겸손한 마음을 기르도록 자극하는 하나의 치료약이었습니다.

## 그 사람 안에도 계시는 주님

브렌단처럼 일부러 내게 가시 같은 사람을 택하지 못하더라도, 우리는 하나님께서 보내주신 사람을 환영해야 합니다. 그 사람이 내 마음을 힘들게 하고 정말 사랑할 수 없을 때, 싫다 좋다 금세 반응하지 말고 성령의 도움을 받아 그 사람을 판단해야 합니다. "하나님, 왜 내게 이 사람과 함께 있게 하셨습니까? 나는 이 사람에게 어떻게 해야 합니까?" 이렇게 구하면 성령께서 깨우쳐주십니다. 나를 가장 괴롭게 하는 사람이 나에게 가장 많은 것을 가르쳐줄 수 있습니다. 이것을 깨닫는다면 교회 공동체가 놀랍게 달라집니다.

우리와 한자리에 앉아 예배드리는 사람들이 종종 우리의 심기를 건드리기도 합니다. 주일 아침마다 어린이부 설교 시간을 망쳐놓는 버릇없는 아이가 있습니다. 어찌나 말을 안 듣는지 성경을 가르칠 수가 없습니다. 다른 아이들은 모두 기쁘게 찬송을 부르는데 죽을상을 하고 있는 십 대도 있습니다. 그러면 정말 때려주고 싶어요. 그래도 "잘 왔다", "사랑한다" 하고 끌어 안아줍니다. 혼자서 쉬지 않고 떠들어대는 사람도 있습니다. 다른 사람이 말하면 잔소리가 많다고 하면서 혼자서 말을 다합니다.

사실 교회 안에서 우리 속을 뒤집어놓는 사람이 한둘이 아닙니다. 우리는 모두 이런 사람들을 알고 있습니다. 그런데 정말 알아야 할 것은 그 사람 안에도 주님이 계신다는 것입니다. 주님은 그 사람을 겪으시고 견디시고 그 사람을 사랑해서 그의 안에 오셔서 하나님이 기뻐하시는 사람으로 세워 가십니다. 우리는 그와 함께 하시며 그를 인도하시는 예수님을 보아야 합니다. 그때 그 사람에 대한 우리의 시각이 근본적으로 달라질 것입니다.

싸움꾼, 고집불통, 우둔한 사람, 참견 잘하는 사람, 비판적인 사람, 속 좁은 사람, 상처와 죄로 구제불능인 우리, 여러분과 저, 이렇게 모두 예수님과 함께 살아가고 있습니다. 우리가 이 눈이 진짜 뜨이고 나면 그 사람이 가진 어떤 연약한 문제에도 내가 반응할 수 없습니다. 주님이 그 사람 속에서 그를 세워 가고 계신데, 어떻게 내가 그 사람이 "싫다", "잘못한다"라고 말할 수 있겠습니까?

성령께서는 예수님을 바라보는 눈을 열어주십니다. 그래서 우리가 뒤집어지는 것입니다. 그러므로 우리는 완벽한 교회 공동체를 요구하기보다 마음에 들지 않는 사람을 만날 때 주님을 바라보아야 합니다. 내가 그 사람을 통해 무엇을 배우기 원하시는지 구해야 합니다. 그의 안에 임하셔서 그를 세워 가시는 주 예수님을 믿어야 합니다.


## 율법적인 사랑의 한계

사랑이 식는 것은 율법의 굴레를 벗어나지 못했기 때문입니다. 우리는 명령을 수행하듯이 사랑하려고 합니다. "용서해야 한다", "사랑해야 한다"라고 되뇌며, 이것을 잘 지켜야 하나님께 인정받으리라 생각합니다. 그런데 그것은 분명 율법입니다. 물론 사랑하라는 하나님의 명령을 지켜야 한다는 것이 옳은 말 같기는 하지만, 스스로 그 명령을 온전히 지킬 수 없다는 것을 알아야 합니다. 우리의 타락한 본성이 철저히 이기적이기 때문입니다. 용서하고 사랑하는 것조차 우리는 자기만족과 자기의를 위해 할 때가 많습니다.

그러므로 율법을 지키듯 사랑하려고 하면 또다시 좌절을 경험할 수밖에 없습니다. 원수도 사랑하라는 말씀을 억지로 지키려고 해보십시오. 처음에는 억지로 실천할 수 있습니다. 그러나 예상치 못한 상황에서는 또 쓰러지고 말 것입니다. 만약 상대방이 나의 호의에도 불구하고 여전히 나에게 상처를 주거나 나를 해치려 한다면 그때에도 끝까지 사랑할 수 있을까요? 내 힘으로 하는 것, 율법적으로 사랑하려고 한다면 분명 한계를 경험하게 될 것입니다.

사실 원수를 사랑하는 것은 아무나 실천할 수 있는 것이 아닙니다. 그런데 그렇게 어려운 사랑을 내 힘과 노력만으로 이루었다고 해보십시오. 원수를 기꺼이 용서하고 사랑했다고 합시다. 아마 그 사랑을 실천한 자신에 대해 나도 모르게 뿌듯하고 자랑스러운 마음을 갖게 될 것입니다. 그렇다면 이런 마음의 문제는 무엇입니까? 자신이 노력해서 원수를 사랑할 수만 있다면 괜찮지 않을까요? 문제는 그 후에 있습니다. 자신의 노력으로 원수를 사랑하고 용서하게 된다면 우리는 그렇게 하지 않는 사람들을 쉽게 판단하고 정죄하게 됩니다. "좀 더 노력해봐요!", "왜 더 사랑하지 못하죠?" 이 마음은 곧 교만으로 이어지고 판단으로 변질되어버릴 것입니다. 즉, 내 힘으로 이루려는 사랑은 오히려 화(禍)가 되고, 하나님이 원하시는 진정한 사랑의 열매를 맺지 못하게 하는 원인이 될 수 있다는 것입니다.

우리가 할 일은 "나는 죽었습니다"라고 고백하며 주 예수님을 바라보기만 하는 것입니다!

내가 그리스도와 함께 십자가에 못 박혔나니 그런즉 이제는 내가 사는 것이 아니요 오직 내 안에 그리스도께서 사시는 것이라 이제 내가 육체 가운데 사는 것은 나를 사랑하사 나를 위하여 자기 자신을 버리신 하나님의 아들을 믿는 믿음 안에서 사는 것이라 갈 2:20

도저히 사랑이 안 될 때 '내가 어떻게 원수를 사랑한다는 말인가?' 하고 좌절할 만합니다. 그렇지만 그럴 때 주님이 나와 한 몸이 되셨음을 믿어야 합니다. 혈루증 앓던 여인이 예수님께 손을 대니 예수님이 부정하게 되었습니까? 혈루증이 치유되었습니까? 우리가 죄인인데 예수님이 우리 안에 오시어 우리와 한 몸, 한 생명이 되셨다면 예수님이 더러워집니까, 우리가 깨끗해집니까? 우리가 예수님 안에 거하고 항상 주님을 바라보면 우리를 통하여 주님의 사랑이 흘러가게 되는 것입니다. 주께서 우리를 통해 원수 같은 자도 사랑하십니다.

## 사랑이 되어지는 역사

예수님께서 우리 마음에 계심을 정말 믿고 예수님을 바라보며 살면 사랑의 열매가 맺어집니다. "사랑해야 한다"가 아니라 "사랑하게 된다"입니다. '나의 사랑'이 아닌 '예수님의 사랑'으로 사랑하게 되어지는 것입니다.

그러니까 노력하는데도 사랑을 실천하기 어렵다고 하는 분들은 안심하시기 바랍니다. 사랑은 성령님의 역사입니다. 그 성령께서 온전히 일하실 수 있도록 우리가 먼저 성령님을 인격적으로 알아야 하고 순종해야 합니다. 그 인도하심을 따라야 합니다. 용서받은 것을 인식하는 것만 가지고는 사랑의 열매를 바로 맺을 수 없습니다. 내가 성령님을 따라 살 때 비로소 맺어지는 첫 번째 열매가 사랑입니다. 이처럼 성령의 이끄심을 따르면 사랑이 되어지는 역사가 일어납니다. 내 힘으로도 안 되던 그 사랑의 실천이 너무나 자연스럽게 일어납니다.

인도에서 사역하고 있는 선교사님 한 분이 다음과 같이 고백했습니다.

"선교사로 인도에 가려면 어쩐지 굳은 결단, 비장한 각오를 하지 않으면 안 될 것 같은 마음이 생겼습니다. 그러나 제 자신을 보면 나약하고 준비가 안 된 것 같아 무작정 '강하게 해주세요. 주님! 강하게요' 하다가 문득 '주님, 강한 것이 무엇인가요?'라고 묻고 싶어졌습니다. 저를 불쌍히 여기신 주님이 아가서의 말씀을 생각나게 해주셨습니다. '사랑은 죽음같이 강하고'(아 8:6). 진정한 강함은 바로 '사랑'이라는 것을 깨달았습니다. 그리고 그 사랑은 내 안에 계신 예수 그리스도, 그분인 것을 깨달으며 제 마음이 너무나 평안해졌습니다. 행복해졌습니다."

담대히 선교사의 길을 갈 수 있도록 강하게 해주시기를 구할 때 강함이 사랑이며 예수님 그분이 사랑이시고, 그 예수님이 지금 내 안에 계시기 때문에 그러면 충분하다고 하시는 고백을 듣고 깊은 인상을 받았습니다.

작은 열매에도 감사하시기 바랍니다. 용서하라는 마음, 사랑하라는 마음이 아주 작고 희미하기는 해도 마음속에 분명히 역사하고 있다면 그것이 아무리 작고 희미하게 느껴지더라도 '예수님의 마음'은 예수님의 마음입니다. '이제 내 안에 원수도 사랑하는 역사, 그 사랑이 되어지는 역사가 일어나겠구나!' 이것을 믿어야 합니다. 우리가 힘쓸 일은 24시간 예수님을 바라보는 것입니다. 정직하게 예수동행일기를 써보시기 바랍니다. 그리고 나누어보십시오. 서로 도와야 합니다. 그러면 성령의 열매가 맺히게 됩니다.

이미 여러분은 사랑으로 소문날 사람입니다. 사랑 그 자체이신 예수님이 여러분 안에 계시기 때문입니다. 성령께서 계속 그 예수님을 바라보게 하고 계십니다. "사랑하라. 원수도 사랑하라." 이것은 실제로 그렇게 해주시겠다는 약속입니다.

"너, 나만 바라봐. 내가 너와 함께 있는 것을 정말 믿어. 너, 나만 의지하고 나에게만 순종해봐. 그러면 원수도 사랑하게 되는 거야. 그런 열매가 너에게 맺히게 될 거야. 진짜 기적 중의 기적이 일어나게 될 거야."

할렐루야! 아멘입니다.

### Prayer Points

1. 내게 상처를 준 사람, 원수처럼 여겨지는 사람도 사랑하게 하옵소서. 그를 통해 나를 다듬으시는 주님을 바라보게 하소서.

2. 나의 사랑으로 사랑하려고 한 나의 노력과 방식을 십자가에 못 박습니다. 오직 나는 죽었음을 고백하고 나아가게 하소서.

3. 나는 십자가에 완전히 못 박고 사랑의 주님으로 충만하소서. 나의 가정, 교회 공동체, 일터에서 오직 주님으로만 살고 사랑하게 하소서.

# 예수님의 기쁨이
## 곧 나의 기쁨

지금은 너희가 근심하나 내가 다시 너희를 보리니 너희

마음이 기쁠 것이요 너희 기쁨을 빼앗을 자가 없으리라

요한복음 16:22

예수님을 믿으면 정말 사람의 성질이 변할까요? "난 그런 사람 못 봤는데…"라고 말할 수 있을 것입니다. 그러나 우리의 경험은 비록 아니라고 해도 믿음은 말씀을 붙잡는 것입니다. 성경 말씀은 분명히 그렇다고 약속하고 있습니다.

> 그런즉 누구든지 그리스도 안에 있으면 새로운 피조물이라 이전 것은 지나갔으니 보라 새 것이 되었도다 고후 5:17

이것은 하나님의 약속입니다. 그러니까 예수님을 믿으면 사람이 완전히 바뀌는지, 정말 성질이 변하는지, 말씀을 믿을 것인지, 경험을 믿을 것인지 선택해야 하는 것입니다. 여러분에게 필요한 것은 '믿음의 실험'입니다. 자신의 성질을 한번 기록해보시기 바랍니다. 모르겠으면 가까운 사람들에게 물어서라도 정직하게 빼곡히 기록해보십시오. 그리고 정말 주님 안에서 그 성질이 변화되는지, 주님이 정말 성질을 바꿔주시는 분인지, 말씀이 자신에게 이루어지기를 원하는 마음으로 기한을 정하여 실험해보시기 바랍니다.


## 가장 놀라운 기쁨을 가진 사람

예수님 안에서 변화된 성질이 성령의 열매이며 그중에 하나가 '기쁨'입니다. 그래서 예수님은 "항상 기뻐하라"고 하셨고 그것이 하나님의 뜻이라고 하신 것입니다.

> 항상 기뻐하라 … 이것이 그리스도 예수 안에서 너희를 향하신 하나님의 뜻이니라 살전 5:16,18

기쁨은 정말 놀라운 것입니다. 힘들고 지치는 상황에서도 마음에 기쁨이 있으면 살 만합니다. 어떤 시험도 이길 수 있습니다. 내가 기쁘면 사람들이 다 나를 기뻐합니다. 기뻐하는 사람 주위에 사람들이 모입니다. 어느 직장에 두 사람이 동시에 입사해서 똑같은 일을 했습니다. 그런데 한 사람은 신나게 휘파람을 불며 일을 했고, 한 사람은 투덜거리며 일을 했습니다. 월급날이 되자 사장은 휘파람을 불며 일한 사람에게 더 많은 급료를 주었습니다. 이를 알게 된 나머지 한 사람이 투덜거리자 사장이 말했습니다.

"아, 그 사람에게는 휘파람 분 값이 더 지급되었습니다."

기쁨이 있느냐 없느냐는 그의 삶 자체를 극과 극으로 나눕니다. 그만큼 기쁨은 삶의 보화와 같은 것입니다. 기쁨은 우리의 삶 전체를 새롭게 만듭니다. 이 세상에서 가장 놀라운 기쁨을 가진 사람이 그리스도인입니다. 성경이 일관되게 그것을 말씀하고 있습니다. 오순절 마가의 다락방에 성령이 임하였을 때 모였던 성도들도 다 기뻐했습니다.

> 날마다 마음을 같이하여 성전에 모이기를 힘쓰고 집에서 떡을 떼며 기쁨과 순전한 마음으로 음식을 먹고 행 2:46

성령께서 함께하시는 교회의 놀라운 특징이 기쁨입니다. 예수 안 믿는 사람이 교회에 와서 놀라는 것 중에 하나가 바로 이 기쁨입니다. "어떻게 이곳에 이런 기쁨이 있는가?" 그런 말을 듣는다면 아주 정상적인 교회입니다.

> 그 성에 큰 기쁨이 있더라 행 8:8

사도행전 8장 8절은 빌립이 사마리아 성에 가서 전도하였을 때, 빌립이 전해주는 복음을 듣고 그 성에 큰 기쁨이 있었다고 했습니다. 주 예수님이 증거되는 곳에 갑자기 사람들 안에 기쁨이 충만하게 된다는 것입니다.

> 제자들은 기쁨과 성령이 충만하니라 행 13:52

사도행전 13장 52절에 보면 바울과 바나바가 비시디아 안디옥에서 전도하다가 쫓겨나게 되는데 그러는 가운데서도 기쁨으로 충만했다고 합니다. 이것이야말로 성도들 안에 일어나는 기적입니다.

기쁨은 우리가 예수님을 제대로 믿는지 아닌지 알 수 있는 매우 중요한 표징입니다. 만약에 예수님을 믿는데도 짜증이 충만하다면 분명 문제가 있는 것입니다. 몸에 열이 나고 어디가 많이 아프면 당장 병원에 가야 하듯이, 우리에게 기쁨이 없다면 영적으로 문제가 생겼음을 알고 영적인 대책을 세워야 합니다.

## 예수 믿는 참을 수 없는 기쁨

이 기쁨은 그냥 기쁨이 아닙니다. 성령의 감동으로 생겨난 주체할 수 없는 기쁨입니다. 어쩌면 사정을 모르는 사람들에게는 "미친 사람 아나?" 이런 말을 들을 수도 있습니다. 왜냐하면 그들이 보기에는 기쁨의 조건이 보이지 않기 때문입니다. 기쁠 이유가 하나도 없는 사람인데 어째서 저렇게 기뻐하느냐 말입니다. 그러니까 "저 사람 미쳤나봐" 이런 말 듣기에 딱 좋은 것입니다. 예수를 제대로 믿으면 적어도 그런 소리를 들어야 됩니다. 여러분은 그런 말을 자주 들으십니까? 오순절 날 마가의 다락방에서 성령을 받은 백이십 문도를 보며 사람들은 그들이 술에 취했다고 말했습니다. 여러분에게 이런 기쁨이 있습니까?

C. S. 루이스(C. S. Lewis)는 《천국과 지옥의 이혼》(홍성사)이라는 작품에서 천국 문에 서 있는 수위를 소개하고 있습니다. 이 수위는 천국에 오는 사람들에게 한 가지 질문만 합니다.

"당신은 예수를 알게 됨으로써 참을 수 없는 기쁨을 가지고 있습니까?"

저도 여러분에게 예수를 믿어서 참을 수 없는 기쁨이 있는지 물어보고 싶습니다. 아직 이 기쁨이 없다면 주님이 약속하신 이 기쁨을 빨리 누리시기 바랍니다. 그런데 성령의 열매인 기쁨은 세상의 기쁨과는 다릅니다. 우리가 살아가면서 기쁨을 누리게 되는 경우는 언제입니까? 세상에서도 기쁜 일이 많습니다. 뭘 많이 가졌거나 원하는 일이 이루어졌거나 하면 세상 사람들도 기뻐합니다. 아름다운 자연을 보고 기뻐하기도 하고, 멋진 집, 감동적인 영화, 합격의 소식, 응원하는 팀이 승리했을 때 모두 기뻐합니다. 그러나 세상이 주는 기쁨은 금세 사라지는 순간적인 기쁨입니다. 또 어떤 경우에는 기쁠 일이 더 슬픈 조건이 되기도 합니다. 아무리 좋은 곳에 가더라도 사랑하는 사람과 함께하지 못한다면 슬픔만 더할 뿐이죠. 이렇듯 세상의 기쁨은 온전한 기쁨이 아닙니다. 그래서 우리는 어느새 새로운 기쁨을 찾아 나섭니다.

이렇듯 우리가 살아가면서 기쁨을 누리게 되는 경우는 대부분 환경적인 이유입니다. 내 안에서 기쁨의 이유가 나오기보다 외부적인 것에 우리의 기쁨이 좌우되는 것입니다. 그러나 그런 것들이 매번 기쁨의 이유가 될 수 있을까요? 환경에서 기쁠 이유를 찾는 사람은 진정한 기쁨의 열매를 수확하지 못하게 됩니다. 그래서 세상이 주는 기쁨은 우리 안에 있는 진정한 목마름을 해결해주지 못합니다. 환경이 바뀌면 기쁨의 반대편에 있던 그림자만 짙어지고 더 우울해집니다. 심지어 현실을 도피하게 만듭니다.

이렇게 기쁨이 오래 가지 못하는 이유는 그것이 진정한 기쁨이 아니기 때문입니다. 이에 비해 성령의 열매인 기쁨은 항상 기뻐하는 것입니다. 한결같은 기쁨입니다. 어떤 환경과 여건에도 변함이 없는 기쁨입니다. 그러니까 이 기쁨이 정말 놀라운 것입니다.

내 형제들아 너희가 여러 가지 시험을 만나거든 온전히 기쁘게 여기라
약 1:2

이것이 바로 성령께서 우리에게 주시는 기쁨입니다. 그러니까 우리에게 있는 것은 아니라는 것이죠. 지금 나의 현실이 힘들어도 기쁩니다. 몸이 아파도 기쁘고 일터에 어려움이 생겨도 기쁩니다. 실패했는데도 기쁘고 불합격했는데도 기쁩니다. 더 어려운 길을 갈

지라도 기쁩니다. 사도행전을 읽어보면 감옥에 갇힌 바울과 실라도 기쁨이 넘쳤음을 알 수 있습니다. 그들은 감옥에서도 찬송을 불렀고, 모진 매를 맞고도 기뻐했습니다. "고난과 능욕을 당하였으나" 기뻐했습니다. 제정신이 아닌 사람처럼 보일 정도였습니다. 이처럼 성령의 열매인 기쁨이 있으면 언제 어디서나 항상 기뻐할 수 있습니다. 어떤 어려운 형편이라도 이겨낼 수 있습니다.

이와 같이 너희도 기뻐하고 나와 함께 기뻐하라 빌 2:18

## 천국을 소유한 기쁨

정말 그런 일이 있을 수 있겠습니까? 정말 그런 기쁨을 가지고 살수 있을까요? '주 안에서' 그렇습니다.

끝으로 나의 형제들아 주 안에서 기뻐하라 빌 3:1

우리가 믿는 주님, 우리 안에 임하신 주님은 기쁨의 주님이십니다. 우리가 이것을 알아야 합니다. 지금 자신의 인생에서 눈을 씻고 찾아보아도 기쁠 일이 전혀 없다고 생각하는 분이 있다면 자신이 죽어 천국 가는 길에 들어섰다고 한번 생각해보십시오. 얼마나 기쁘겠습니까? 그럴 때 이 땅에 사는 동안 내게 허락되지 않아 너무 큰 슬픔을 안겨주었던 일들이 기억이나 날까요?

나보다 더 멋지게 살았고, 좋은 일도 많이 했고, 능력도 탁월했던 사람들이 무수히 지옥에 가는데 나는 천국에 가고 있어요. 이유는 딱 하나, 주 예수님이 구주이신 것을 믿었기 때문입니다. 나의 모든 죄를 사함 받고 하나님의 자녀가 되는 권세를 얻었습니다. 여러분, 그때 그 기쁨은 말할 수 없습니다. 정말 눈물이 날 정도로 감사하지 않겠습니까?

"이게 웬 은혜인가? 웬 사랑인가?"

지금 우리 영혼은 예수를 믿고 구원받은 이 기쁨을 가지고 있습니다. 우리가 영적으로 잠들어 있고, 우리의 영안이 닫혀 있기 때문에 우리 속에 있는 그 기쁨을 느끼지 못할 뿐입니다. 우리가 진짜 예수를 믿고 구원받은 사람이라면 우리에게는 정말 놀라운 구원의 기쁨이 있습니다.

한국의 대표적인 신학자요 목회자인 이상근 목사님이 세상 떠나기 전 1년 동안 뇌암으로 고통하며 투병하셨습니다. 그런데 한번은 자고 일어나더니 너무 기뻐하더라는 것입니다. 그래서 사모님이 "뭐가 그렇게 기쁘세요? 좋은 꿈이라도 꾸셨어요?"라고 물었더니 "내가 하늘나라에 갔다 왔소"라고 하더랍니다. 그래서 "하늘나라가 어떻습니까?"라고 물으니 "묻지 마시오"라고 하더랍니다. "말할 수가 없어. 말로 표현이 안 돼" 그러시더랍니다. 하늘나라가 설명이 되면 그것은 하늘나라가 아닐 것입니다.

며칠이 지나고 나서 또 그렇게 좋아하시길래 "왜 그렇게 좋아하세요? 또 하늘나라에 갔다 오셨어요?"라고 물으니 그렇다고 하더랍니다. 여섯 번을 그러시며 병석에서조차 기뻐했다는 것입니다. 항상 천사들이 호위한다고 하셨고 마지막 돌아가시기 하루 전에는 "가브리엘 천사가 나를 데리러 왔다", "나는 곧 세상을 떠날 것이다"라고 하시더니 그렇게 하나님 앞에 가셨다는 것입니다.

그런데 이 기쁨은 우리가 죽고 난 다음에나 경험하는 것이 아닙니다. 우리가 주 예수님과 구원의 복음을 믿으면 언제 어디서나 이 기쁨을 가지고 사는 것입니다. 몸이 아파도 기쁘고 실패해도 기쁘고 불합격해도 기뻐할 수 있는 기쁨을 이미 성도들에게 주셨습니다. 우리 모두에게 다 있습니다. 그런데도 우리가 그 기쁨의 역사를 경험하지 못한다면 그것은 우리가 성령충만하지 않기 때문입니다. 성령으로 충만하지 않으니까 세상 사람들처럼 여러 가지 일로 마음이 눌려, 그 모든 것에도 불구하고 기뻐할 수 있는 기쁨이 우리에게 있는데도 실제로 그 기쁨을 누리지 못하는 것입니다.

그러나 우리는 다 보화를 발견한 농부입니다.

천국은 마치 밭에 감추인 보화와 같으니 사람이 이를 발견한 후 숨겨두고 기뻐하며 돌아가서 자기의 소유를 다 팔아 그 밭을 사느니라

마 13:44

이미 천국을 소유한 사람, 하나님나라의 사람들입니다. 지금 천국에 들어간 것은 아니지만 이미 발견했어요. 모든 것을 다 주고 사서 이제 내 것이 되었습니다. 보화를 발견한 농부의 기쁨이 성도들에게 주신 하나님의 약속입니다. 하나님이 우리에게 주실까 말까 하시는 게 아닙니다. 앞으로 언젠가 받게 되는 것도 아닙니다. 이미 주셨고 다 받았습니다.

## 충만한 기쁨이신 주님

우리가 구원을 받고도 이 기쁨을 누리지 못한다면 원인은 하나입니다. 구원을 교리로만 이해하기 때문입니다. 교리는 성경에서 나온 것입니다. 그러나 성경과 성령이 함께해야 진정한 구원을 이해할 수 있습니다. 마치 노래에 가사와 곡조가 있는데, 가사만 가지고는 그 노래를 다 아는 것이 아닌 것과 같습니다. 교리로만 구원의 복음을 아는 것은 노래 가사만 아는 것과 같습니다.

교리를 알지만 기쁨이 없습니까? 그렇다면 복음 그 자체이신 예수님을 바라보고 그분과 동행해야 합니다. 살아 계신 주님이 우리 안에 거하실 때 우리 마음에 기쁨이 충만해집니다. 노래의 가사도 중요하지만 곡조가 더해질 때 우리에게 깊은 감동이 되는 것처럼 내게 복음이라는 가사와 함께 기쁨 그 자체이신 주님과 인격적으로 교제할 때 복음은 말할 수 없이 놀라운 것이 됩니다.

우리가 새 생명으로 거듭났을 때 우리 안에 들어온 것은 종교도, 선한 행위도 아닙니다. 어떤 능력이나 뛰어난 은사도 아닙니다. 신비한 영적 지식도 아닙니다. 우리가 그리스도를 영접했을 때 받은 것은 그리스도 그분 자신이십니다(요 14:6 ; 골 3:4 ; 요일 5:12). 예수님 안에 계시던 성령님이 우리 안에 오셔서 예수님이 우리의 생명이 되게 하셨습니다. 이처럼 주 예수님께서 우리 안에 거하실 때 우리 마음에 기쁨이 충만해지는 것입니다.

> 내가 이것을 너희에게 이름은 내 기쁨이 너희 안에 있어 너희 기쁨을 충만하게 하려함이라 요 15:11

이 기쁨은 주님을 바라볼 때 누려지는 것입니다. 주님의 기쁨이 우리 안에 있습니다. 예수님과 기쁨이 따로 있을 수 없습니다. 예수님 그분이 내 안에 계시니까 주님의 기쁨도 내 안에 있는 것입니다. 우리 안에 계신 주님을 인격적으로 알게 될 때 내가 말로만 들었던 그 복음이 내게 말할 수 없는 기쁨이 되는 것입니다. 뭐라고 설명할 수 없는 기쁨, 다른 사람들이 알 수도 없고, 미쳤다고 생각할 만한 그런 기쁨이 내 안에서 일어나는 것입니다.

우리 주님은 기쁨의 주님이십니다. 이것을 분명히 믿으시기 바랍니다. 여러분이 사모하시는 주님, 지금도 우리 가운데 계신 주님, 여러분 안에 임하신 주님, 그 주님은 기쁨이 충만하신 분입니다.

우리가 그 주님을 정말 바라보았는지 아닌지는 바로 기쁨으로 분별이 됩니다. 사탄은 우리 마음속에 있는 기쁨을 빼앗아갑니다. 그러니까 우리가 예수를 믿고도 때로는 전혀 기쁨이 없는 상태에 빠지기도 합니다. 그러면 어떻게 해야 마귀가 우리의 기쁨을 빼앗아갈 수 없을까요? 우리가 주님을 바라볼 때입니다. 내가 주님을 보고 주님이 나를 보시는 그런 관계에 있을 때 마귀는 우리의 기쁨을 더 이상 빼앗아갈 수 없습니다. 왜냐하면 기쁨이 주님이시기 때문입니다.

> 지금은 너희가 근심하나 내가 다시 너희를 보리니 너희 마음이 기쁠 것이요 너희 기쁨을 빼앗을 자가 없으리라 요 16:22

주님은 주님이 승천하시고 난 다음 육신의 눈에 주님이 보이지 않을 그때, 제자들의 마음에 근심이 가득하게 되고 마귀가 제자들에게 있는 기쁨을 다 빼앗아갈 것에 관해 말씀하시며 그러나 두려워하지 말라고 말씀하십니다. "내가 다시 너희를 보리니", 주님이 성령으로 우리 가운데 오셨습니다. 그것이 우리 가운데 이루어졌습니다.

주님은 지금 우리를 보십니다. 하늘 위에서 보시는 게 아닙니다. 우리 안에서 우리를 보시고 우리도 주님을 압니다. 그러니 마귀가 어떻게 못해요. 우리 안에 있는 기쁨을 빼앗아갈 수 없습니다. 기뻠이 없이 예수님을 믿는 사람은 주님을 바라보지 못하고 있는 것입니다. 이유는 딱 하나입니다. 그저 교회만 다니는 식으로, 교리를 아는 정도로 예수를 믿기 때문에 기쁨의 주님을 바라보지 못하는 것입니다.


## 예수님 안에 있는 사람은 즐겁다!

19세기 중국 선교사로 갔던 앤 월터 편(Anne Walter Fearn) 양은 아름다운 처녀로서 의과대학을 나오고, 바로 선교사를 자원하여 중국으로 떠났습니다. 그 당시 중국으로 들어갔다는 것은 가족과 다시 만날 수 없다는 것을 의미합니다. 그 어머니가 딸을 중국으로 보내고 얼마나 보고 싶었겠습니까. 살아 있는지 그 소식만이라도 듣기 원해서 중국으로 가는 사람에게 210달러를 주며 잘 지내고 있다면 "안전하다"(safe)라고 한 마디만 꼭 전보를 쳐달라고 부탁했습니다.

얼마 후에 앤의 전보가 왔습니다. 그런데 전문(電文)은 그녀의 어머니가 기다리던 "안전하다"(safe)가 아니었어요. "즐겁다"(delighted)였습니다. 이것이 진정한 그리스도인의 복된 마음입니다. 세상 사람들은 그 상황에서 그저 살아 있는 것만으로도 기적이라고 하지만 예수님 안에 있는 사람은 즐겁습니다. 즐거움과 기쁨의 근원이신 주님을 내가 알고 그 주님이 내 안에 계시니까 나도 즐거운 것입니다. 우리의 기쁨의 이유는 예수님이십니다. 어떤 일이 다 잘 되어서 오는 기쁨이 아니라, 주 예수님이 나와 함께 계신 것을 아니까 기쁜 것입니다.

다윗은 시편 16편 8,9절에서 이렇게 고백합니다.

내가 여호와를 항상 내 앞에 모심이여 그가 나의 오른쪽에 계시므로 내가 흔들리지 아니하리로다 이러므로 나의 마음이 기쁘고 나의 영도 즐거워하며 내 육체도 안전히 살리니 시 16:8,9

다윗은 하나님을 항상 눈앞에 모시고 살았습니다. 어떤 환경 속에서도 하나님을 의식하고 살았기 때문에 그의 마음이 기쁨으로 충만했습니다. 하나님을 눈앞에 모시고 살아도 다윗이 그렇게 기뻤는데, 우리는 주님이 우리 안에 와 계세요. 그 주님을 바라보는 눈이 뜨이셔야 합니다. 그래서 24시간 예수님을 바라보며 매일 예수님과 함께하는 동행일기를 써보자는 것입니다.

## 내 삶의 즐거움은 무엇인가?

저는 제 삶의 즐거움이 뭔지 딱히 말하기 어려웠습니다. 교회가 부흥하는 것을 보는 것도 즐거움이 아니고, 많은 사람들에게 설교하는 것도 즐거움이 아닙니다. 주님은 그런 것을 즐거움으로 삼지 말라고 하셨습니다. 교인이 많아지고 많은 사람들 앞에서 설교하는 것이 즐거움이면 저는 망한다고 하셨습니다. 그것은 매우 중요한 일이자 힘 있게 감당해야 할 사명이지, 제가 그것을 낙으로 여기는 순간 저에게 화가 될 것입니다.

유명해지는 것도 즐거움이 아닙니다. 사람들에게 많이 알려지는 것은 오히려 부담입니다. 사람들의 칭찬을 듣고 높임을 받는 것도 즐거움이 아닙니다. 돈을 많이 받는 것도 즐거움이 아닙니다. 그런 유혹을 엄청나게 받지만 주님은 계속해서 저를 십자가에 못 박으라고 하십니다. 먹는 것도 즐거움이 아니고, 즐기는 운동도 없고, 영화를 보거나, 여행을 다니거나, 사진을 찍는 취미도 없습니다. 등산을 좋아하지도 않습니다. 저는 참 재미가 없는 사람입니다. 그런데도 뭔가 늘 바쁘게 지냅니다. '도대체 나는 왜 바쁘지? 왜 이렇게 열심히 사는 거야? 대체 무슨 즐거움이 있어서 있는 힘껏 살아가지?' 즐거운 게 없으니까 우울증인데 우울증이라고 하기에는 증상이 영 다릅니다.

그러던 중 팀 한셀이라는 유명한 교육자가 쓴 글을 읽고 깜짝 놀랐습니다. 저의 경우 지금 제가 누리는 즐거움이 무엇인지 깨닫게 해주었기 때문입니다. 팀 한셀이 10년 만에 만난 친구에 대해 말했습니다. 그녀는 10년 전에도 참 성실한 그리스도인이었습니다. 그런데 10년 만에 다시 만났을 때 그녀는 놀라운 모습으로 변해 있었습니다. 성령충만했고 기쁨과 확신에 넘쳐 있었습니다.

"그동안 네게 무슨 일이 일어났는지 설명해줄 수 있겠니?"

"응, 로마서를 다시 읽고 내가 정말 죄인이라는 것과 성령님께서 내 안에 오셨음을 깨달은 후부터야."

"그건 전에도 마찬가지였잖아?"

"맞아. 내가 죄인이라는 것은 항상 알고 있었지. 그러나 전에는 내가 크리스천이 되었으니 더 이상 죄를 지어서는 안 된다는 생각만 했었어. 내가 잘못을 저지를 때면, 며칠 동안 나 자신을 저주하곤 했지. 그런데 로마서를 읽고 두 가지 중대한 것을 깨달았어. 그것은 내가 죄인이고 또 앞으로도 죄를 지을 수밖에 없다는 거야. 나는 이 진리를 비로소 받아들였어.

나는 언제나 이기적이고 죄를 선택하게 될 것이라는 거지. 그 후로 나는 죄를 범해도 숨기거나 좌절하지 않게 되었어. 죄책감으로 나를 쥐어뜯는 일을 하지 않고 주님께 고백했어. 오래 전에 로렌스 형제가 사람들로부터 '당신은 죄를 지었을 때 어떻게 하느냐?'라는 질문을 받았을 때 "나는 그저 하나님께 고백하고 나서 계속 살아요"라고 말했다는데, 이제는 나도 로렌스 형제의 그 말을 이해할 수 있게 되었어.

그러나 두 번째 깨달은 것은 더 놀라운 것이었어. 그것은 내가 만일 어떤 좋은 일을 했다면, 그것은 내가 아니라 내 안에 오셔서 역사하시는 성령 하나님이 하셨다는 사실을 깨달은 거야. 내게 좋은 변화가 일어날 때마다 난 그것이 성령님의 능력이라는 것을 알았어. 그 후로부터 나는 나를 통해서 성령 하나님이 어떻게 역사하시는지 지켜보는 재미로 살고 있어.

나는 그저 그분이 하시는 일에 감사하고 놀라고 기대할 뿐이야. 전에 나는 나의 죄성을 바라보며 낙심에 빠져 살았지. 그러나 예수님을 영접한 사람은 자신 안에 역사하시는 성령님을 바라보며 살아야 한다는 것을 깨달았지. 이제 나는 항상 내 삶에 역사하시는 성령 하나님을 보고 있어. 이것은 일시적인 감정이 아니야. 정말 생생한 사실이고 끊임없이 일어나는 사건이야."

팀 한셀이 친구에 대해 이렇게 말했습니다.

"내 친구는 변화되었습니다. '나쁜 사람'으로부터 '좋은 사람'으로가 아니라 '좋은 사람'으로부터 '놀라운 사람'으로 말입니다. 그녀는 전에도 성실하고 도덕적인 크리스천이었습니다. 그러나 그녀가 복음의 진리와 성령님에 대하여 깨닫고 난 뒤에는 '불이 있는 사람', '기쁨이 넘치는 사람'이 되었습니다."


'도대체 나는 무슨 즐거움으로 사나?' 저에게도 그분이 답이었습니다. 제 안에 계신 주님을 알고 그 주님을 바라보며 그 주님이 하시는 일을 기대하며 매일매일 사는 것입니다.

우리에게는 연약함과 죄악이 있습니다. 사실입니다. 하나님이 기뻐하는 뜻대로 살지 못한 것이 생각나서 '아, 나는 왜 이 모양일까? 왜 나는 이렇게밖에 안 될까?' 그럴 때 그것을 주님께 고백하면 됩니다. '주님, 저는 정말 너무 잘못 살았습니다. 여전히 이렇게 잘못하고 있습니다.' 그러나 이제 우리는 우리 안에서 놀랍게 역사하고 계시는 주님의 일도 보아야 합니다. 나 자신은 정말 질그릇 같은 존재이지만 내 안에 주님이 놀랍게 역사하고 계십니다. 이제 초점을 내가 아니라 내 안에 역사하시는 주님께 맞춰보십시오. 주님이 주시는 마음의 감동과 생각, 주님의 음성에 귀를 기울여보십시오. 그 주님을 바라보며 하루하루 살아보시기 바랍니다. 그러면 갑자기 하루하루가 전혀 다르게 느껴집니다. 너무나 기쁩니다. 정말 놀라우신 주님입니다.

## 기쁨의 사람이 되는 법

"어떻게 하면 성령의 열매인 기쁨이 내게 맺혀질 수 있겠습니까?" 이 기쁨을 누리는 방법이 뭔지 저에게 물어보는 성도들이 있습니다. 그 방법은 아주 간단합니다. 주님께 구하면 됩니다.

"주님, 제게 기쁨을 주세요."

> 지금까지는 너희가 내 이름으로 아무것도 구하지 아니하였으나 구하라 그리하면 받으리니 너희 기쁨이 충만하리라 요 16:24

기쁨 없이 살면서도 기쁨을 구해보지 않은 성도가 많습니다. 기쁨을 구하십시오. 뭐든지 구하고 받는 것입니다. 바로 실험해보세요. "주님, 세상의 기쁨이 아닌 주님의 기쁨을 저에게 주세요." 그리고 주님이 어떻게 역사하시는지 보시기 바랍니다.

그리고 나는 죽고 예수로 사는 것입니다. 남편의 사업이 어려워져서 집안에 먹구름이 드리운 가정이 있었습니다. 그 집에 중학교에 다니던 아들이 걱정이 가득한 마음으로 학교에서 돌아왔는데, 부엌에서 설거지하는 어머니가 찬양하는 것을 들었습니다. 이 소리를 들은 아들이 현관에 멈칫 섰습니다. 갑자기 아이의 눈에 눈물이 치솟으며 번개처럼 떠오른 생각이 있었기 때문입니다.

"하나님!"

아이도 어릴 때부터 교회에 다니긴 했지만 그냥 하나님이 계신가보다 그렇게 듣기만 했지 하나님에 대해서 정말 개인적으로 느껴본 것은 그 날이 처음이었다는 것입니다. 방에 들어가자 하나님께 기도하고 싶은 마음이 들었습니다. "하나님, 우리 가정을 지켜주세요. 아빠를 회복시켜주세요." 생전 처음 울면서 간절히 기도했다고 합니다. 그렇게 기도를 마치고 나니 마음에 걱정이 사라지더랍니다. 방문을 열고 나오는데 집안 어둠의 그림자가 다 사라진 것을 느꼈습니다.

엄마의 입에서 찬송이 흘러나오고, 아들의 표정이 달라지니까 집안에 생기가 흐르게 되었습니다. 결국 아버지는 재기에 성공했고 그 아들 역시 믿음 안에서 훌륭하게 성장하였습니다. 이것은 어느 장로님이 자신이 언제 하나님을 처음 만났는지 간증한 내용의 일부입니다. 그 장로님의 어머니가 말할 수 없이 어렵지만 찬송하라는 성령의 음성에 순종하였기에 온 가족에게 기쁨이 회복될 수 있었던 것입니다.

그 주님이 우리 가운데 계십니다. "주님, 저에게 기쁨을 주세요" 우리가 이렇게 구하고, "나는 죽고 예수로 산다"는 이 사실을 정말 믿고 순종의 걸음을 내딛으면 우리 속에서부터 세상이 알지 못하는 기쁨이 넘치게 됩니다. 기쁨의 사람이 됩니다.


## 주님이 내게 계속 말씀하시는 음성

세 살 손자를 데리고 슈퍼마켓에 쇼핑하러 나온 할아버지가 있었습니다. 할아버지가 쇼핑하는 동안 손자는 떼를 쓰기 시작했습니다. 사탕 판매대를 지나면 사탕을 달라고 소리쳤고 비스킷이 보이면 비스킷을 달라고 다시 소리쳤습니다. 아이는 계속 과일과 시리얼을 달라고 비명을 질렀습니다. 그럴 때마다 할아버지는 침착하게 말했습니다.

"진정해, 윌리엄. 그리 오래 걸리지 않을 거야. 진정해."

손자가 계속 떼를 부렸지만 그래도 할아버지는 평정을 유지하며 말했습니다.

"윌리엄, 잠깐만 기다려. 몇 분만 더 있으면 이제 갈 거야. 힘내!"

심통이 난 손자는 계산대에서 카트 밖으로 물건을 던지기 시작했습니다. 그런데도 할아버지는 손자의 버릇없는 행동을 보며 조용히 말했습니다.

"윌리엄, 윌리엄, 진정해. 화내지 마. 5분만 있으면 집에 갈 거야. 멋지게 기다리자, 윌리엄!"

이 모습을 지켜보던 한 여성이 깊은 인상을 받았습니다. 어떻게 막무가내인 손자를 저렇게 끝까지 참고 부드럽게 달래며 인내할 수 있는지 놀라울 뿐이었습니다. 그 여성이 할아버지에게 다가가서 말했습니다.

"실례합니다. 어르신, 정말 훌륭하세요. 손자가 계속 떼를 쓰고 고함을 지르고 물건을 던져도 화내지 않고 침착하게 괜찮다고 타이르기만 하시니 이런 할아버지를 둔 윌리엄은 정말 행운아예요."

그 말을 들은 할아버지가 여성에게 대답했습니다. "고마워요. 그런데 내가 윌리엄이라오. 내 손자의 이름은 케빈이오."

할아버지는 손자를 달래고 있었던 것이 아니라 자기자신을 진정시키고 있었던 것입니다. 이 할아버지는 자신에게 계속 말했지만 우리는 주님께서 우리에게 계속 말씀하신다는 것을 알아야 합니다. 그 주님의 음성에 귀를 기울여야 합니다. 어떤 상황에 있든지 우리 가운데서 계속 말씀하시는 주님을 분별할 수 있어야 합니다. 주님의 말씀을 듣고 순종하세요. 그러면 역사가 일어납니다.

## 기쁨의 주님이 완전한 복음이다

우울증을 앓고 계시던 분이 자살을 시도했습니다. 우울증의 고통이 너무 심하고 가족들에게 짐만 되는 것이 괴로워서 자살을 택했지만 다행히 남편이 일찍 발견해서 생명을 건졌습니다. 그런데 그후 그의 삶이 완전히 변화되었습니다. 그가 "나는 죽었습니다"라는 예수님의 십자가 복음을 그 전에도 알았습니다. 듣기는 했지만 믿어지지 않고 너무 막연하다, "나는 죽었습니다" 이렇게 고백하고 사는 것이 너무 힘들다고 생각하며 살았습니다.

그런데 막상 스스로 목숨을 끊는 일까지 하고 보니, '"나는 죽었습니다"라고 믿고 고백하는 것이 뭐가 힘든가? 하나님께서 이미 다 이루어놓으신 그 은혜를 내가 왜 믿지 못했나? 왜 고백하지 못했나?' 하는 생각이 들더랍니다. 믿기만 하는 것이 얼마나 쉬운 일인지, 자살하는 것보다 비교할 수 없이 쉬운 일이라는 것을 깨닫고 "나는 죽었습니다"라고 하는 십자가 복음을 정말 받아들였습니다. 그리고 나니 삶이 놀랍게 변화되어 가정도 완전히 바뀌고 주위에 자신처럼 심한 우울증과 공황장애에 시달리는 분들을 얼마나 잘 돕고 있는지 모릅니다.

이렇듯 주님은 우리를 완전히 바꾸실 수 있는 완전한 복음을 갖고 계십니다. 주님은 복음 그 자체이십니다. 우리의 삶이 어떤 형편에 있든지 우리가 기쁨으로 살도록 만드실 수 있는 그 주님이 지금 우리 안에 계십니다. 여러분, 나는 죽고 예수님으로 사는 이 놀라운 십자가의 복음을 붙잡으시기 바랍니다.

사도 바울은 계속 주 안에서 기뻐하라고 하였습니다.

주 안에서 항상 기뻐하라 내가 다시 말하노니 기뻐하라 빌 4:4

우리가 예수님을 계속해서 바라보며 한 걸음씩 순종해보면 우리 속에서 일어나는 주님의 기쁨을 알게 될 것입니다. 기쁨의 사람이 되기 원하십니까? 예수님 안에 거하기만 하면 됩니다!

## Prayer Points

1. 도저히 기뻐할 수 없는 상황일지라도 주님이 약속하신 기쁨, 나의 삶을 완전히 바꿀 수 있는 말할 수 없는 기쁨을 내 심령에 부으소서.

2. 마귀가 우리 속의 기쁨을 빼앗아가지 못하도록 기쁨의 주님만 바라보게 하소서.

3. 예수님의 기쁨이 내 마음에 부어지는 기적이 일어나게 하소서. 그래서 어떤 길을 가든지 어떤 상황이 오든지 담대히 주님이 이끄시는 대로 가게 하여주소서.

# 화평하게
## 하는 자로 살자

모든 것이 하나님께로서 났으며 그가 그리스도로 말미

암아 우리를 자기와 화목하게 하시고 또 우리에게 화목

하게 하는 직분을 주셨으니

고린도후서 5:18

모든 그리스도인들에게 주어진 직분이 하나 있습니다. 그가 집사, 권사, 장로, 전도사나 목사든, 그리스도인은 다 한 가지 화목하게 하는 직분을 가진 사람입니다.

우리는 화목에 대해 너무나 간절한 사람들입니다. 일제시대, 6.25 전쟁을 지나면서 우리 민족은 평화가 얼마나 소중한지 뼛속 깊이 깨달았습니다. 저는 어려서 교회에서 싸우는 어른들을 보며 교회 안에 평화가 너무 중요하다는 것을 깊이 깨달았습니다. 그 시절의 경험이 아직도 제 가슴에 아픔으로 남아 교회 안에서 서로 싸우지 않고 화목하게 지내는 것을 정말 중요하게 생각합니다. 그리고 그것이 저의 소명이 되었습니다.

많은 사람들이 어렸을 때 부모가 싸우는 것을 보고 자라면서 제발 가정이 화목하면 좋겠다, 집이 넉넉하지 않아도 엄마아빠가 싸우지만 않으면 좋겠다는 마음을 품습니다. 그런데 가만히 들어보면 엄마아빠는 자녀에게 더 좋은 음식을 먹이고 더 좋은 옷을 사주고 공부를 많이 시키고 싶어서 재정 문제 때문에 싸우는 경우가 대부분입니다. 교회에서 싸우는 어른들 때문에 마음에 상처를 입었으면서 어른이 되고 나서 자신도 교회 안에서 싸웁니다. 장성하여 결혼하고 부모가 된 다음에는 자신도 부모들과 똑같이 여전히 싸웁니다.

사람들이 싸우는 데는 나름대로의 사정이 있기 마련입니다. 심지어 싸우지 말자고 싸우는 경우도 있습니다. 세계전쟁을 일으킨 나라마다 명분은 평화였습니다. 독일, 일본이 모두 그랬습니다. 우리가 평화의 중요성을 깨달았다고 해서 평화롭게 사는 것은 아니라는 말입니다. 진정한 평화는 성령께서 주시는 것입니다. 전적으로 성령의 역사입니다. 그렇기 때문에 '화평'이 성령의 열매인 것입니다. 이 점을 모르면 평화롭게 살자고 전쟁을 벌이는 어리석은 사람이 되어버리고 맙니다.


## 성령이 하나 되게 하신 것

그러므로 주 안에서 갇힌 내가 너희를 권하노니 너희가 부르심을 받은 일에 합당하게 행하여 모든 겸손과 온유로 하고 오래 참음으로 사랑 가운데서 서로 용납하고 평안의 매는 줄로 성령이 하나 되게 하신 것

을 힘써 지키라 엡 4:1–3

"과연 우리가 정말 하나 될 수 있는가?" 의심하지 마십시오. 하나님이 못하실 것이 무엇입니까? 천지창조도 믿고 동정녀 탄생도 믿으면서 성령의 하나 되게 하심을 왜 믿을 수 없어 합니까? 오병이어의 기적도 행하시고 물이 포도주가 되게 하신 주님이신데, 다른 일도 아니고 성도들을 하나 되게 하시는 일을 왜 못하시겠습니까?

우리는 얼마든지 하나 될 수 있습니다. 우리에게 하라고 하면 못하지만 그것도 성령님이 해주십니다. 그래서 성령의 열매입니다. 우리는 성령이 하나 되게 하신 것을 힘써 지키기만 하면 됩니다. 우리가 예수 믿는 사람이라면 우리는 이미 '성령이 하나 되게 하신 것'에 해당합니다. 이미 이루어진 일입니다. 우리가 하나가 되는 것도 이미 이루어진 일입니다.

사람들의 생각이 다 다른데 어떻게 하나가 될 수 있느냐고 하는 것은 무서운 불신입니다. 하나님의 말씀을 모르니까 하나님의 말씀을 완전히 부정하는 것입니다. 하나님이 우리에게 화목하게 하는 직분을 주신 것은 되니까 그렇게 하신 것입니다. 성령께서 해주신다는데 그럼 가능합니다. 우리에게 이 믿음이 있어야 합니다.

천국에서의 우리 모습을 상상해보시기 바랍니다. 거기서는 미워할 사람, 시기할 사람, 시험에 들 일, 싸울 일이 없습니다. 사랑과 기쁨이 넘치는 삶을 살 것입니다. 교회가 어떤 곳입니까? 바로 이 땅에서 우리가 그 천국을 경험하는 유일한 곳입니다. 하나님께서는 안 되는 것을 하라고 하시지 않습니다. 이것을 믿어야 합니다. 우리의 육신도 강하지만 성령님은 더 강하신 분입니다. 성령 하나님께서는 우리가 하나님의 말씀대로 살 수 있게 해주십니다.

스펄전 목사님이 스데반 집사가 돌에 맞아 순교하는 본문으로 설교를 했는데, 교회에 나온 지 얼마 되지 않은 분이 설교 내용이 못마땅하다는 듯이 이렇게 질문했습니다.

"스데반이 돌에 맞아 죽을 때, 하나님은 무엇을 하고 있었습니까?"

그때 스펄전 목사님이 이렇게 대답했다고 합니다.

"하나님께서는 스데반에게 용서하고 사랑하는 마음을 부어주셨습니다."

이것은 스데반 집사가 훌륭하다는 말이 아니라 성령의 열매가 놀랍다는 것입니다. 손양원 목사님이 자신의 두 아들을 죽인 원수를 양자로 삼은 것도 전적인 성령의 역사입니다. 성령께서 그렇게 하신 것입니다. 그 성령님은 스데반 집사처럼 또는 손양원 목사처럼 우리도 그렇게 만드시는 분입니다. 얼마든지 그렇게 하실 수 있습니다. 우리가 그것을 정말 믿을 때 주님이 하십니다. 나를 변화시키셔서 어떤 사람과도 화목하게 하실 수 있습니다. 이것은 정말 중요한 믿음의 문제입니다.

## 싸움이 미혹이다

우리가 믿는 하나님은 하나이신 하나님이십니다. 하나님은 우리를 하나 되게 하십니다.

> 몸이 하나요 성령도 한 분이시니 이와 같이 너희가 부르심의 한 소망 안에서 부르심을 받았느니라 주도 한 분이시요 믿음도 하나요 세례도 하나요 하나님도 한 분이시니 곧 만유의 아버지시라 만유 위에 계시고 만유를 통일하시고 만유 가운데 계시도다 엡 4:4-6

하나 되게 하는 일이 성령님의 역사라면, 분열은 마귀의 역사임을 명심해야 합니다. 속으면 안 됩니다. 분열하면서 옳은 일을 한다고 생각할 수 있고, 교회를 위한다고 생각할 수 있고, 상대방을 위한다고 생각할 수도 있습니다. 그러나 여러분, 여기서 미혹을 받으면 안 됩니다. 결과가 하나가 되었다면 그것은 하나님의 역사요, 나뉘고 깨어졌다면 그것은 마귀의 역사입니다. 정말 속지 말아야 합니다.

어느 목사님이 교인들에게 왜 싸우느냐고 물었습니다. 그러자 한 장로님이 "다 잘해보자는 것 아니겠습니까?"라고 하더랍니다. 그러자 그 목사님이 교인들에게 이렇게 외쳤다고 합니다.

"우리 잘하지 맙시다!"

이 기막힌 모순을 이해할 수 있겠습니까? 우리가 정신 똑바로 차려야 합니다. 결국 싸웠다면 완전히 미혹을 받은 것입니다. 영적인 분별이 정말 중요합니다.

한번은 제가 섬기던 교회에 큰 싸움이 벌어졌는데, 감사하게도 곧 그것이 마귀의 역사임이 깨달아졌습니다. 그 순간 저는 기도했습니다. "결코 마귀가 원하는 대로는 하지 않겠습니다." 그러자 제 안에서 일어났던 분노와 낙심이 해결되었습니다. 마귀가 그것을 원한다는 것을 깨달았기 때문입니다. 영적으로 분별이 되자 문제가 달리 보였고 저는 제 의견에 반대하는 교인들이 원하는 대로 하기로 했습니다. 서로 의견이 맞지 않아 다투느니 저의 의지도 목회 방향도 다 포기하고 저를 반대하는 분들의 의견에 따르기로 한 것입니다.

그때 제 편을 들었던 분들 안에서도 마귀가 무섭게 역사하는 것을 보았습니다. "싸움에서 물러서지 마세요", "절대 포기하지 마세요", "그 사람들을 교회에서 내보내야 합니다." 저는 그 분들에게 저를 믿으신다면 끝까지 기도만 해주시기를 당부했고 3개월 뒤 하나님은 완전한 승리를 주셨습니다. 하나됨을 지키며 제가 기도하던 방향으로 교회가 나아갈 수 있게 되었습니다. 마귀의 역사를 깨달았기에 분열의 위기를 이기고 교회가 놀랍게 하나 되는 역사를 경험한 것입니다.

여러분, 옳고 그른 것을 따지다가 거기에 속으면 안 됩니다. 물론 올바로 해야 됩니다. 교회는 하나님이 기뻐하시는 길로 가야 하고 잘못된 것을 고쳐야 됩니다. 그러나 꼭 기억하십시오. 절대로 싸우고 갈라지는 방법으로 해결되는 것이 아닙니다. 하나 됨을 지켜가면서 얼마든지 할 수 있습니다. 이것이 바로 성령의 역사입니다.


## 마귀의 속임과 공격

내 사랑하는 형제들아 너희가 알지니 사람마다 듣기는 속히 하고 말하기는 더디 하며 성내기도 더디 하라 사람이 성내는 것이 하나님의 의를 이루지 못함이라 약 1:19,20

평소 비판을 잘하는 사람에게 당신은 왜 그렇게 부정적이고 비판적이냐고 하자 자신의 성품이 워낙 솔직하기 때문에 그저 솔직한 의견을 말했을 뿐이라고 하는데, 그렇지 않습니다. 마귀에게 속고 있는 것입니다. 어느 목사님이 항상 부정적이고 비판적인 생각으로 가득 차 있었습니다. 그러던 어느 날 로마서 14장 10절 말씀 앞에서 심장이 멎는 것 같았다고 고백했습니다.

네가 어찌하여 네 형제를 비판하느냐 어찌하여 네 형제를 업신여기느냐 우리가 다 하나님의 심판대 앞에 서리라 롬 14:10

그 후로 그는 비판적인 생각이 곧 사단의 공격임을 깨닫고 그것을 말씀으로 대적하는 삶을 살며 자신의 굳어진 습성으로부터 벗어날 수 있었다고 했습니다.

이전에 목회하던 교회에 있을 때 저에게도 어떤 교인이 찾아와 "우리 교회의 많은 문제를 지적하고 난 뒤 내가 교회를 떠나도 좋으니 주일예배 때 발언할 기회를 한번 달라"고 했습니다. 목사는 착해서 말을 못하는 것 같으니 자신이 대신 이야기를 하겠다는 것입니다. 그래서 제가 그 분에게 고마워했을까요?

"집사님, 절대 그렇게 하시면 안 됩니다. 그건 완전히 미혹입니다. 그렇게 하면 집사님도 상처받게 되고, 마귀가 교회에서 춤추게 만드는 일이 됩니다."

그런데도 고집을 꺾지 않으시더니 결국 교회를 떠났습니다. 우리가 어떤 옳은 일을 처리해야 한다면 그때는 철저히 예수님께서 원하시는 방법대로 해야 한다는 것을 명심하시기 바랍니다. 예수님이 원하시는 방법은 하나 됨을 지키면서 옳은 길로 가는 것입니다. 의사가 암 환자를 어떻게 수술합니까? 환자의 생명을 지켜가며 수술합니다. 암 덩어리는 제거했지만 환자가 덜컥 죽어버렸다면 아무 의미가 없습니다.

가정, 직장, 학교에서 싸움이 일어나고 분열이 생기면 옳고 그름의 논리로 보지 마시기 바랍니다. 마귀는 옳은 쪽에서도 그른 쪽에서도 역사할 수 있음을 명심해야 합니다. 우리는 옳은 길을 가되 마귀가 원하는 대로 해서는 안 됩니다.

## 화평 vs 불화

잘못된 일을 바로잡아야 할 경우, 그럴 때일수록 더욱 철저히 예수님을 의지해야 합니다. 하나 됨을 지키면서 잘못도 바로잡는 길을 가야 합니다. 한번은 미국 교회사를 공부하다가 깜짝 놀란 적이 있습니다. 미국 신학교에 자유주의 신학을 하신 교수님들이 한두 분 부임해 오면서 보수신학과 자유신학 간에 극심한 갈등이 생겼는데, 그때 보수주의 신학자들이 자유주의 신학과의 결별을 선언하고 따로 나와 새로 신학교를 만들었습니다. 그렇게 할 때 하나님과 성경을 믿는 보수적인 믿음을 가진 대부분의 교회들이 그들을 따라오리라 생각했기 때문입니다. 그러나 결과적으로 대부분 그 신학교 교단에 남게 되고 따로 나온 사람들이 소수가 되면서 그 후 신학교는 급속도로 자유주의 신학의 방향으로 흘러가버리고 말았습니다. 비록 서로 마음에 들지 않더라도 같은 신학교 안에서 건강한 신학의 방향을 토론하고 검증해가며 신학교를 지켰더라면 미국이 그렇게 빨리 자유주의 신학에 물들지 않았을 텐데, 너무 빨리 갈라져 나오다보니 미국의 주류 신학교, 큰 대학교의 신학교들이 대부분 다 자유주의 신학의 영향 아래 놓이게 된 것입니다.

"저 사람하고는 도저히 함께할 수 없어."

이런 문제가 생겼을 때 우리는 정말 기도 많이 해야 합니다. 말씀으로 들어가야 합니다. 하나님은 우리에게 화목하게 하는 직책을 주셨습니다. 교회는 한 몸입니다. 그런 토대에서 교회는 올바로 가야 합니다. 하나 되고 연합하려는 노력 때문에 비난과 공격을 받을 수도 있음을 각오해야 합니다.

팀 켈러 목사님이 자신이 알던 한 가정의 이야기를 했습니다. 거의 백인만 사는 동네에 흑인 가정이 이사를 왔는데 팀 켈러 목사님이 아는 그 백인 가정에서 그들을 반갑게 맞이하고 따뜻하게 친구가 되어 도와주었습니다. 그러자 이웃의 백인들이 격렬하게 항의를 했습니다. 왜냐하면 그 마을은 전통적으로 백인이 아니면 쌀쌀맞게 대하고 심지어 내쫓는 분위기였는데, 친절한 한 가정 때문에 다른 사람들이 너무 불편해진 것입니다.

사랑하고 하나 되려고 할 때 그것을 전부 다 환영하는 것은 아닙니다. 오히려 공격이 있고 핍박당할 각오를 해야 하기도 합니다. 미국의 링컨 대통령, 마틴 루터 킹 목사는 모두 암살당했습니다. 흑인이나 백인 모두 서로 화목하자고 하는데 미움을 받고, 화목하자고 하는데 사람들이 서로 증오합니다. 아이러니하게도 화목하게 하는 이 직분은 정말 순교의 각오가 필요합니다.

사실 우리는 진정한 의미에서 나와 다른 사람과 화목하고 싶은 마음이 없습니다. 이것이 타락한 인간의 본성입니다. 그러니까 화목하게 하는 일은 우리 힘으로 할 수 있는 일이 아닙니다. 전적으로 주님이 역사하셔서야만 화목하게 하는 일을 감당할 수 있습니다. 우리가 예수님을 진짜 제대로 믿는지 안 믿는지는 우리가 화목하게 하는 일을 하는 사람인지 보고 아는 것입니다. 화목하게 하는 그 사람이 하나님의 자녀입니다. 그 사람이 정말 마음에 예수님이 왕인 사람입니다.

예수님이 우리 삶에 들어오시면 우리는 화평하게 하는 자가 되지만 동시에 불화가 뒤따르기도 합니다. 화평하게 될 수도 있지만 가슴 아픈 대립이 일어날 수도 있기 때문입니다.

> 나는 화평을 원할지라도 내가 말할 때에 그들은 싸우려 하는도다
>
> 시 120:7

교회 안에 싸움이 많고 교회가 자꾸 갈라지고 교파도 많이 나뉘는 것은 너무나 안타까운 일입니다. 예수 믿는 사람들은 서로 싸우는 사람들이라고 알려진 것도 부끄럽고 고통스러운 일입니다. 그 말은 우리가 예수님을 진짜 믿고 있는 것이 아니라는 것입니다. 그럴 수는 없습니다. 그럴 때도 우리는 용서하고 사랑해야 합니다. 그러기 위해서 예수님을 바로 믿어야 합니다. 화평케 하는 열매는 24시간 예수님을 바라보는 자가 맺을 수 있습니다. 화평케 하는 것은 예수님만이 하실 수 있는 일이기 때문에 그렇습니다.

## 용서해라!!

여러분, 용서는 권면이 아니라 준엄한 하나님의 명령입니다. 주님은 우리에게 "용서하는 게 좋겠다", "할 수만 있으면 용서하도록 해봐라" 하지 않으시고 "용서해라!" 이렇게 말씀하십니다. 우리가 할 수 있는 유일한 대답은 "예. 순종하겠습니다"입니다.

화란의 코리텐 붐 여사가 유대인들을 숨겨주었다는 이유로 독일군에게 체포되어 수용소에 끌려갔습니다. 그곳에서 그녀는 여자로서는 차마 입에 담을 수 없는 끔찍한 아픔을 겪었고 그녀의 언니도 수용소에서 죽고 말았습니다. 전쟁이 끝나고 구사일생으로 살아 돌아온 그녀에게 성령이 임하였고 하나님은 그녀에게 잔인한 명령을 하셨습니다.

"독일인을 사랑해라. 독일로 가서 그들에게 용서의 복음을 선포해라. 하나님이 독일 사람들을 사랑한다고 얘기해라. 독일인들에게 치유의 복음을 전파해라. 용서의 복음을 전파해라."

이 메시지를 전하기 위해 그녀는 독일로 갔고 그녀가 집회를 하는 곳마다 독일 전역에서 수많은 사람들이 몰려들었습니다. 세계 전쟁을 일으킨 민족이지만 하나님께서 그들을 용서하신다는 메시지를 들으니 얼마나 은혜가 되겠습니까. 설교를 듣고 감동된 사람들이 코리 여사와 악수하기 위해 줄을 섰습니다. 그런데 한번은 저만큼 뒤쪽에서 낯익은 얼굴이 한 걸음 한 걸음 다가오는 것이 보였습니다. 결코 잊을 수 없는 얼굴이었습니다. 바로 수용소에서 자신을 벌거벗기고 모질게 고문한 간수였습니다. 고통 가운데 죽어 가던 언니의 얼굴이 떠오르기 시작했습니다.

코리 여사는 그 당시의 감정을 책에 이렇게 기록하고 있습니다.

그 순간 내 피는 거꾸로 용솟음쳐 오르고 있었다. 내게서 한마디 대답이 쏟아져 나왔다.

'하나님, 저 사람만은 용서할 수 없어요.'

하나님은 내게 큰 소리로 말씀하셨다.

'용서해라.'

'아니 하나님, 저 할 수 없어요. 용서할 마음이 아닌 걸요.'

'아니다. 코리야, 용서해라.'

그 사람은 한 걸음 한 걸음 아무것도 모르고 다가오기 시작했다.

'나는 너에게 용서할 마음이 있는지 아닌지 묻는 것이 아니다. 용서해라. 이것은 나의 명령이다. 용서해라.'

그 순간 도저히 용서할 수 있는 마음이 아니었지만 강력하게 명령하시는 하나님의 말씀에 순종할 것인지 아닌지 결단할 수밖에 없었습니다. "용서하겠습니다." 간수가 바로 앞에 섰을 때 두 사람은 서로의 얼굴을 확인할 수 있었습니다. 코리 여사는 손을 내밀었고 그 간수를 끌어안았습니다.

"하나님은 당신을 사랑하십니다. 나는 당신을 용서합니다."

그때 코리 여사는 용서의 능력과 함께 깊은 평화, 하나님의 놀라운 임재를 경험했습니다. 아직도 미처 용서하지 못하고 미워하는 사람이 있다면 그 문제를 해결하시기 바랍니다. 도무지 용서할 수 없는 그 사람과 주님 안에서 화목하고 하나가 되는 역사를 반드시 경험하시기 바랍니다.

## 하나님과 먼저 화목하라

그러나 너를 책망할 것이 있나니 너의 처음 사랑을 버렸느니라 그러므로 어디서 떨어졌는지를 생각하고 회개하여 처음 행위를 가지라 만일 그리하지 아니하고 회개하지 아니하면 내가 네게 가서 네 촛대를 그 자리에서 옮기리라 계 2:4,5

이 말씀은 에베소교회에 하신 주님의 말씀입니다. 만일 어떤 사람이 용서가 되지 않는다면 우리도 처음 사랑을 잃어버린 것입니다. 하나님이 부으시는 말할 수 없는 사랑을 잊고, 일만 달란트나 탕감을 받았으면서 백 데나리온 빚진 자를 용서하지 못하는 것과 똑같아진 것입니다. 우리가 이것을 회개하지 않으면 주님이 촛대를 옮기십니다.

누가 밉고 용서가 안 되고 하나가 안 되는 이 문제를 그냥 넘기

시면 안 됩니다. 그러면 주님이 우리의 촛대를 옮기세요. 화목하게 하는 것은 우리가 하는 것이 아닙니다. 그 문제 때문에 스트레스 받으실 필요가 없어요. '어떻게 그 사람을 용서하라는 거야? 지금 다시 그 사람과 화목하라고?' 여러분, 그 짐을 내려놓으세요. 주님 이 해주시겠다고 하십니다. 할렐루야! 화평은 성령의 열매입니다. 우리는 그저 순종하기만 하면 됩니다. "용서합니다. 사랑합니다." 먼저 손 내밀고 먼저 찾아가고 그 순종만 하면 됩니다.

화평케 하는 자가 하나님의 자녀임을 명심해야 합니다.

화평하게 하는 자는 복이 있나니 그들이 하나님의 아들이라 일컬음을 받을 것임이요 마 5:9

하나님의 자녀는 나 자신과 어떤 사람 사이에 있는 문제도 해결 하는 사람이자 어떤 사람과 어떤 사람이 서로 안 좋을 때 둘 사이 를 화평하게 만드는 역할도 해야 합니다. "이번 기회에 깨끗이 갈 라서." 아무리 그럴 수밖에 없는 형편 같고 사정이 있어 보여도 절 대 이렇게 말하면 안 됩니다. 싸움을 붙이고 이간질하는 것은 완 전히 마귀가 하는 일입니다. 서로 화목하고 하나 되게 하는 일, 그 일이 하나님의 자녀가 하는 일입니다.

예수님께서 제자들을 위해 마지막으로 하신 기도가 하나 되는 기도입니다.

아버지여 … 그들도 다 하나가 되어 우리 안에 있게 하사 … 우리가 하나가 된 것같이 그들도 하나가 되게 하려 함이니이다 요 17:21,22

항상 순서는 하나님과 우리가 하나 되는 것이고 그다음에 사람과 하나가 되는 것입니다. 그러니까 우리가 사람들과 화평하려면 먼저 하나님과 화평을 누려야 합니다.

모든 것이 하나님께로서 났으며 그가 그리스도로 말미암아 우리를 자기와 화목하게 하시고 또 우리에게 화목하게 하는 직분을 주셨으니 고후 5:18

먼저 하나님과 화목하게 된 사람만이 사람들과도 화목할 수 있습니다. 내가 사람과의 사이에 화목함이 없다면 하나님과 나 사이의 화목함에도 문제가 생긴 것입니다. 따라서 하나님과의 화목함을 먼저 회복해야 합니다.

**너와 나는 한 몸이다!**

제가 제 자신의 거듭남을 확인하고 성찬의 은혜에 처음 눈떴던 성찬식이 있었습니다. 바로 이 문제였습니다. 물론 그전에도 성찬을 많이 했고 성찬식도 많이 가졌지만 그것은 제게 그저 형식적인 의식일 뿐이었습니다. 아무런 은혜도 감격도 없었습니다.

그런데 그 날은 달랐습니다. 설교를 통하여 예수님께서 제자들이 자신을 배반할 것을 분명히 아시고도 그들을 사랑하시되 끝까지 사랑하셨다고 하셨고, 자신의 몸과 피를 나누어주셨다는 것을 듣는 순간, 그것이 주님이 저에게 말씀하시는 것으로 들렸고, 성찬이 주님과 내가 하나가 되었다는 증거라는 은혜가 강하게 느껴졌습니다. 부족하고 죄 많은 나에게 몸을 찢어주시는 것은 나와 한 몸이 되시겠다는 주님의 결심임을 강하게 느꼈습니다.

"어떤 일이 있어도 결코 너를 버리지 않겠다! 너와 나는 한 몸이다!"

그런데 그 순간 '주님과 내가 한 몸이 되는 것이 나는 너무 좋지만 우리 주님은 얼마나 힘드실까, 나와 한 몸이 되시는 게 그분께 얼마나 어려운 일일까' 하는 생각이 번뜩 들더니 당장 회개의 눈물이 터지기 시작했습니다. 사실 저는 용납이 안 되는 사람이 많았습니다. 어떤 사람은 정말 싫고 밉고 가까이 하기도 싫었습니다. 그 사람과 하나가 되기를 원하지 않았고 하나가 될 수 없다고 생각했습니다.

나는 그렇게 생각하고 있는데 우리 주님은 나와 하나가 되셨어요. 성찬을 받는 동안 그 사실이 얼마나 마음이 아팠는지 모릅니다. 그리고 비로소 제가 제 마음에 안 드는 사람, 제 기준에 안 맞는 사람, 이런 사람들을 받아들일 수 있는 힘이 생겼습니다. 그 후 성찬식에 참여하거나 성찬식을 집례할 때마다 그때의 감격을 느낍니다.

우리가 주님의 은혜 안에 깊이 들어가면 사람과의 관계가 놀랍게 풀어지는 역사를 경험하게 됩니다. 사람과의 관계에 문제가 생겼다는 말은 주님과의 관계에도 문제가 생겼다는 의미이기 때문에 그렇습니다.


## 예수님이 보일 때 말하기

여러분, 가정에서나 직장에서나 교회에서나 누구를 대하든지, 어떤 일과 문제 앞에서든지 예수님이 보이지 않으면 말하지도 말고 결정하지도 마시기 바랍니다. 말 한마디가 얼마나 중요한지 모릅니다.

어렵게 전도한 남편을 실족시킨 한 집사님의 이야기를 들었습니다. 남편이 교회에 따라 나오면서 생활이 변하기 시작했습니다. 술을 좋아하던 남편이 교회를 다니기 시작하면서 직장에서도 술을 끊었다고 선언했습니다. 술 때문에 이혼 직전까지 갈 정도로 술 마시고 늦게 들어오던 남편이 한순간에 변한 것입니다.

그런데 하루는 남편이 연락도 없고 밤이 늦도록 집에 오지 않았습니다. 전화를 걸었지만 전화기가 꺼져 있었습니다. 순간 '남편이 또 술을 마시고 있겠구나!' 하는 생각에 집사님은 화가 나기 시작했습니다. 자정이 넘어서도 연락이 되지 않자 화가 머리끝까지 나서 잠도 오지 않았습니다.

'교회에서 간증까지 하고 어떻게 이럴 수가 있어?'

그때 현관문 열리는 소리가 나서 뛰쳐나가 들어오는 남편에게 한마디를 했습니다.

"이 위선자! 거짓말쟁이!"

그런데 남편은 아무 말도 하지 않았습니다. 이상한 것은 술 냄새도 나지 않았다는 것입니다. 다음 날 말없이 출근한 남편에게 전화를 하자 남편의 첫마디가 "나 이제 교회 안 나가"였다고 합니다. 자초지종을 들어보니 그날 회사에 안 좋은 일이 있어서 밤늦게까지 일을 수습하느라 수고하고 돌아온 남편에게 소리를 질러서 남편의 자존심을 건드리고 만 것이죠.

우리의 말 한마디가 모든 것을 무너뜨릴 수 있습니다. 자녀에게, 부모에게, 교우들 사이에서도 항상 주님을 바라보고 무슨 말이든 하시기 바랍니다. 행복한 결혼은 사람 잘 만나서 되는 것이 아닙니다. 남편을 볼 때 예수님이 함께 보이고, 아내를 볼 때 예수님이 함께 보여야 행복한 결혼생활을 할 수 있습니다.


화목의 용사

정반대로 예수를 믿지 않다가 시어머니의 말 한마디 때문에 예수를 믿게 된 경우도 있습니다. 이분이 지금의 남편과 결혼하기 위해 막상 남편 부모님의 허락을 받으려고 하다보니 사실 이 결혼이 불가능할 거라는 생각이 들었다고 합니다. 왜냐하면 남편 될 사람은 잘생기고 유능한 공무원에다가 심지어 나이도 어린 연하남인데, 자신은 결혼에 실패한 두 아이의 엄마였기 때문입니다. 그러니 어느 부모가 이 결혼을 쉽게 승낙하겠습니까? 남편의 어머니가 기도 많이 하시는 신실한 권사님이셨지만 아무리 예수를 잘 믿는 분이라도 허락하시기 어려울 거라는 생각이 든 것입니다. 아나나 다를까 어머니의 반대가 심하다는 소식이 들려왔습니다.

아들이 그런 결혼을 하겠다고 하니 그 권사님도 새벽기도회에 나가 "하나님, 이 결혼을 막아주세요. 다른 조건은 다 포기하겠습니다. 그러나 적어도 믿음의 배필은 주셔야 하지 않습니까?"라고 부르짖어 기도했다고 합니다. 그런데 어느 날 주님이 이런 마음을 주시더랍니다.

"세 명의 영혼을 살리는 일인데, 네 마음을 십자가에 못 박을 수 없느냐?"

처음에는 무슨 말인지 잘 몰랐는데 생각해보니 며느리 될 사람과 그의 두 자녀를 말씀하시는 것이 깨달아졌습니다. 하지만 못 들은 척했다고 합니다. 그런데 계속 '세 명의 영혼을 살리는 일인데…' 하는 음성이 들리는 것입니다. 결국 작정하고 기도원에 올라가 금식기도를 했습니다. 도저히 용납할 수 없으니 하나님이 뜻을 바꿔

달라고 사생결단하는 심정으로 간 것입니다. 처음에는 기도가 안 되었습니다. 그러나 마지막 날 하나님이 말씀을 주셨습니다.

"나는 너를 구원하기 위해 독생자까지 십자가에 내주었다. 세 명의 영혼을 위해 네 마음을 내게 다오."

그 말씀 앞에 결국 그렇게 하겠다고 고백하고 펑펑 울며 기도원을 내려오셨다고 합니다. 그리고 아들에게 먼저 만나자고 연락을 한 뒤 첫 만남에 "잘 왔다" 하고 "너를 처음 보는 순간 '내 며느리다' 싶더라"라고 끌어 안아주었다고 합니다. 결국 시어머니 덕분에 예수를 믿고 열심히 교회에 나오게 되었다는 것입니다.

말 한마디라도 주님께 맡기고 살아야 합니다. 우리가 이렇게 주님을 바라보면 주님은 우리가 도무지 할 수 없는 일을 하게 하십니다. 대표적인 일이 바로 화목하게 하는 일입니다.

"주님, 제 성격이나 성질, 그동안 살아온 것을 생각하면 저는 절대로 화목하게 하는 직분을 맡았다고 할 수가 없습니다. 저는 여전히 미워하는 사람이 많습니다. 그런데 어떻게 화목하게 하는 직분을 감당할 수 있겠습니까? 그러나 제가 아니라 주님이 그렇게 해주신다고 하니 그렇게 하겠습니다. 주님, 저를 통해서 사람들을 화목하게 하는 역사를 이루십시오."

우리가 1만 명의 선교사를 보내는 것도 좋지만 300명의 화목하게 하는 직분자가 세워진다면 저는 그것이 더 황홀할 것 같습니다. 예수님의 다스림을 받는 자, 이들은 반드시 '하나 됨'을 이루는 자입니다. 주님을 바라보면 화평케 될 수 있다는 믿음을 가지고 용기를 가지시기 바랍니다. 성령께서 친히 그 일을 이루실 것이기 때문입니다.

## Prayer Points

1. 내 안의 모든 비판, 원망, 불평, 미움을 주의 보혈로 씻어주소서. 하나님과 나 사이에 온전한 화목함을 누리게 해주소서.

2. 1만 선교사를 보내기 이전에 화목하게 하는 300용사가 먼저 일어나게 하소서. 화목하게 하는 직분의 사람이 내가 되게 하소서.

3. 하나님과 화목함을 누리게 하소서. 하나님을 신뢰하고 모든 문제를 맡기고 주님과 온전히 하나 되는 시간이 되게 하소서.

# 기다림마저
## 행복한 삶

² 내 형제들아 너희가 여러 가지 시험을 당하거든 온전히 기쁘게 여기라 ³ 이는 너희 믿음의 시련이 인내를 만들어 내는 줄 너희가 앎이라 ⁴ 인내를 온전히 이루라 이는 너희로 온전하고 구비하여 조금도 부족함이 없게 하려 함이라

야고보서 1:2-4

어떻게 하면 성령의 열매가 맺어질까요? 24시간 예수님을 바라보는 것입니다. 24시간 주님을 바라보고 산다면 틀림없이 사랑, 희락, 화평, 오래 참음, 자비, 양선, 충성, 온유, 절제의 열매가 맺어지고 있을 것입니다. 지금 여러분에게 성령의 열매가 맺혔습니까? 혹시 '나에게 정말 성령의 열매가 맺어지고 있나?' 이런 마음이 드는 분들이 있다면 마음속의 작은 변화라도 그것을 매일 기록해보시기 바랍니다. 누구나 24시간 예수님을 바라보고 그렇게 살기를 힘쓰면 자신의 성품에 변화가 일어나는 것을 스스로 경험하게 됩니다. 사과나무에 처음 사과꽃이 피고 아주 작은 사과 열매가 열릴 때 정말 신비하죠. 그런데 그 작은 사과 열매도 분명히 사과입니다. 여러분의 마음에 일어나는 아주 작아 보이는 성품의 변화라도 정말 놀라운 것입니다.

## 기다리는 훈련

'오래 참음'이라는 성령의 열매는 독특합니다. 흔히 사람들은 이 열매가 귀하다거나 아주 큰 능력이라고 생각하지 않는데 사실 엄청난 능력입니다. 오래 참음이 특히 중요한 이유는 모든 성령의 열매가 맺어지는 과정에서 오래 참음이 필요하기 때문입니다.

> 좋은 땅에 있다는 것은 착하고 좋은 마음으로 말씀을 듣고 지키어 인내로 결실하는 자니라 눅 8:15

어떤 열매든지 말씀을 듣고 지켜서 인내로 결실한다고 말씀합니다. 주님께서 우리에게 성령의 열매인 성품의 변화를 이루어 가시는 데도 반드시 어느 정도 시간이 필요합니다. 매일매일 동행일기로 자신의 마음의 변화를 써보시도록 하는 이유도, 열매는 맺어지는 과정이 있기 때문이지요. 어느 정도의 기간이 지난 다음에 열매가 맺어지기 때문에 그 기간을 기다리는 능력이 반드시 필요합니다. 사랑의 열매, 희락의 열매, 화평의 열매 등 다른 성령의 열매가 모두 이 오래 참음의 열매와 함께 맺어지게 됩니다. 그러니 인내, "참는 능력"을 작게 여기시면 안 됩니다.

성경에 보면 하나님의 사람들은 다 기다리는 훈련을 받았고 오래 참는 일에 대가들이었습니다. 노아는 120년이나 방주를 준비했습니다. 아브라함은 100세에 아들을 낳았습니다. 요셉은 하나님께서 주신 비전이 이루어지기까지 최소 14년을 인내했습니다. 모세는 40년 동안 광야에서 훈련을 받았고 다윗은 기름부음을 받고도 10년 이상 인내해야 했습니다. 과부 안나는 메시아를 만나기 위하여 여든네 살이 되도록 성전을 떠나지 않고 기도했습니다.

이와 반대로 인내하지 못한 사람들은 하나님으로부터 버림을 받았습니다. 이스라엘 백성들은 모세가 시내산에 올라간 사십주 사십야를 기다리지 못하고 송아지 우상을 만들어 하나님의 노여움을 샀습니다. 사울 왕 역시 기다리던 사무엘이 빨리 오지 않자 조급한 마음으로 자신이 직접 제사를 드렸습니다. 이것이 하나님이 사울을 쓰실 수 없었던 이유입니다.

## 다니엘의 기도 응답

자녀들이 떼를 쓸 때 참 난감하죠. 그런데 그 아이들을 이해할 필요가 있습니다. 아이들은 엄마아빠가 자기가 원하는 것을 줄 거라고 믿어지지 않으니까 떼를 쓰는 것입니다. 우리도 우리 자신에게 조급한 마음이 있음을 깨달아야 하고, 그런 우리를 보시는 하나님의 마음을 살펴야 합니다. 우리에게 아버지가 계십니다. "하나님 아버지가 반드시 나에게 가장 좋은 것을 주실 것이다. 나를 독생자 예수 그리스도보다 더 사랑하셨다. 독생자까지 주신 하나님이 내게 무엇을 더 아끼시겠는가?" 이것이 완전히 믿어지면 지금 형편과 처지가 어려워도 요동함이 없습니다. 하나님을 완전히 신뢰하기 때문이죠. 그러나 이것이 믿어지지 않으면 떼쓰는 아이처럼 되고 마는 것입니다.

우리에게 인내가 필요한 것은 하나님의 생각과 우리의 생각이 다르기 때문입니다. 우리가 그것을 인정해야 합니다. 우리가 하나님의 때와 하나님의 방법을 다 이해할 수는 없습니다. 그럴 때 우리에게 필요한 것이 믿음입니다. 하나님 아버지가 반드시 가장 좋은 길로 인도하시고, 가장 선한 것으로 주실 것을 믿고, 그것을 하나님의 때와 하나님의 방법으로 반드시 이루실 것도 믿어야 합니다. 거기서부터 오래 참음이 나오는 것입니다.

> 너희에게 인내가 필요함은 너희가 하나님의 뜻을 행한 후에 약속하신 것을 받기 위함이라 히 10:36

하나님께서 우리에게 약속하신 것을 받으려면 반드시 인내가 필요합니다. 하나님이 약속하신 것을 받아 누리고 살지 못한다면 자신이 오래 참지 못하고 있는 것은 아닌지 돌아보아야 합니다.

다니엘이 예레미야 선지자의 두루마리를 보고 이스라엘의 포로 생활이 70년이라는 사실을 깨닫고 하나님께 금식하며 기도하기 시작한 지 20일이 지났습니다. 그동안 아무 응답이 없었지만 그래도 다니엘은 하나님 앞에 계속 기도했습니다. 21일째 하나님의 응답을 가진 천사가 다니엘에게 임하여 말하기를, 다니엘이 하나님께 금식하고 기도하기 시작한 날 곧 그의 간구에 응답할 말을 가지고 왔지만, 바사 왕국의 악한 영이 공중에서 하나님의 천사를 막았고, 그때 하나님께서 천사장 미가엘을 보내어 싸우게 하셨고, 드디어 하나님의 응답이 다니엘에게 이르게 되었다는 것입니다. 다니엘이 하루나 이틀, 일주일이 지나도 응답이 없었지만 기도하기를 멈추지 않고 계속 기도했기 때문에 응답을 받게 된 것입니다.

다니엘도 영적 세계에서 일어난 일들을 다 알 수는 없었습니다. 그래도 그는 기도하면 하나님께서 반드시 응답해주신다는 믿음이 있었고, 믿으니까 기다릴 수 있었고, 21일째 드디어 응답을 받은 것입니다. 우리가 할 수 있는 것 역시 하나님의 신실하심을 믿고 약속이 이루어지기까지 오래 참고 기다리는 것입니다. 이것은 우리의 실제 기도생활에서 똑같이 일어나고 있습니다. 하나님의 약속은 받았는데 그것이 실제로 이루어지지 않고 있다면 우리가 알지 못하는 영적 싸움이 있는 것입니다. 그 때 기도의 무릎을 풀어버리면 지는 것입니다.


## 인내하는 믿음

예수님을 믿기로 결단했다는 말은 이제 기다리기로 했다는 뜻과 같습니다. 마가의 다락방에서 제자들이 성령을 받을 때, 그들도 기다림의 연단을 통과해야 했습니다. 예수님이 승천하실 때 오백여 성도가 그 모습을 지켜보았다고 합니다. 그런데 오순절 날 마가의 다락방에서 성령의 충만함을 받은 사람은 120명입니다. 약속하신 성령을 기다리라고 하신 예수님의 약속을 받고 많은 사람들이 기도하기 시작했을 것입니다. 하지만 하루가 지나고 이틀이 지나도 아무 일도 일어나지 않았습니다. 시간이 흐르면서 한 사람씩 실망하고 떨어져 나가고, 열흘째 성령이 임했을 때는 120명만 남았던 것입니다. 인내한 사람만이 성령의 충만함을 받고 초대 교회를 세우는 주역이 될 수 있었던 것이죠.

하나님의 역사를 경험하려면 기다리는 훈련이 되어야 합니다. 오래 참음이라는 열매는 정말 중요합니다. 우리의 믿음이 온전하려면 인내하는 믿음이어야 합니다.

> 이는 너희 믿음의 시련이 인내를 만들어 내는 줄 너희가 앎이라 인내를 온전히 이루라 이는 너희로 온전하고 구비하여 조금도 부족함이 없게 하려 함이라 약 1:3,4

하나님이 안 계신 것 같고, 기도해도 소용없는 것 같고, 약속이 다 허사인 것 같을 때가 있습니다. 하나님이 왜 우리에게 이런 믿음의 시련을 주실까요? 바로 인내를 기르기 위해서입니다. 그 인내를 온전히 이루면 우리가 조금도 부족함이 없는 믿음의 사람이 되는 것입니다. 결국 우리에게 부족한 것이 무엇입니까? 바로 인내입니다. 하나님의 나라는 이 땅에 하나님의 나라가 이루어지는 것을 믿고 오래 참을 줄 아는 자를 통해서 이루어집니다. 중요한 것은 오래 참음이 우리가 맺는 것이 아니라 성령의 열매라는 것입니다.

우리나라의 건국 설화를 보면, 호랑이와 곰이 굴에 들어가 여자가 되기 위해 쑥과 마늘을 먹는 이야기가 있습니다. 호랑이는 못 견디고 뛰쳐나오지만 곰은 쑥과 마늘을 먹으며 참고 기다려서 웅녀가 됩니다. 그러나 이것을 성령의 열매라고 하지는 않습니다.

많은 성도들이 믿음으로 살다가 "언제까지 참아야 합니까?"라고 질문합니다. "목사님, 언제까지 참으란 말인가요? 저 오래 참았어요! 더 이상 기다릴 수 없어요." 이런 말이 나온다면 그것은 자기 힘으로 참았다는 말입니다. 내 힘으로 노력하고 애써서 기다리니 더 이상 기다리지 못하는 상태가 된 것입니다. 이것은 성경이 말하는 오래 참음이 아닙니다. 성령의 열매인 오래 참음은 시험을 당할 때, 참고 기다리되 오히려 기뻐하는 것입니다.

내 형제들아 너희가 여러 가지 시험을 당하거든 온전히 기쁘게 여기라
약 1:2

여러 가지 시험을 당했는데 마음이 너무 기쁜 일이 세상에 가능한가요? 우리 힘으로는 못하는 일입니다. 그러니까 성령의 열매입

니다. 여러 가지 시험이 와도 온전히 기쁜 기적 같은 역사가 내게도 일어나게 될 것을 믿으셔야 합니다. 주님이 그렇게 해주시겠다고 하고 그래서 성령의 열매인 것입니다.


## 시험을 만나도 기쁜 원리

성령의 열매인 오래 참음의 핵심은 예수님을 바라보는 것입니다. 여러분, 여러 가지 시험을 만나도 기쁘게 되는 원리가 무엇인지 아십니까? 주님을 바라보게 되면 주님을 바라보는 것 자체가 너무 기뻐요. 내게 있는 여러 가지 시험은 나를 고통스럽게 하지만, 주님을 바라보는 것이 그 고통과 비교할 수 없이 너무 기뻐요. 그렇게 주님을 기뻐하다보니 기다린다는 생각조차 없어지고, 돌아보니 오래 참게 된 것입니다.

제가 군목으로 근무할 당시 예배당을 건축했던 군인교회를 최근에 다시 방문하게 되었는데 그러다보니 그 군목 시절이 생각났습니다. 그곳에 30년 전 제 군목 활동 사진과 자료들도 보관되어 있었습니다. 지난 30년간 그 부대에서 세례받은 사람이 500명 정도 된다고 하는데 제가 군목으로 있던 3년간 293명이 세례를 받았다고 합니다. 지금 생각해봐도 스스로 대견하다 싶을 만큼 참 열심히 사역을 했습니다.

돌아보니 제가 그렇게 열심히 사역했던 이유가 하나 있었습니다. 군 현장에서 군인교회를 섬기는 일이 결코 만만하지 않았지만 고생을 고생이라 여기지 않고 마음을 다해 사역할 수 있었던 것은 사랑하는 아내와 딸, 제 가족과 함께 살 수 있었기 때문이었습니다. 군목 훈련을 받다가 다리 부상을 당해 3년간 훈련소를 오가며 가족과 생이별을 해야 했을 때 가족과 함께 살 수만 있다면 그어떤 어려운 곳이라도 기쁘게 일할 수 있을 것 같았기 때문입니다. 사랑하는 가족과 함께 지내는 기쁨도 이 정도라면 주님과 함께하는 눈이 열리면 얼마나 기쁘겠습니까? 그 기쁨을 안다면 여러 가지 시험이 뭐가 문제겠어요? 주님이 나와 같이 계시는데 말입니다.

흔히 요셉이 어릴 때 형들의 곡식 단이 자기 단에 절하고 해와 달과 열한 별이 자기에게 절하던 그 꿈을 기억하며 그 어려운 고난을 잘 견뎌냈을 거라고 생각하는 분들이 있는데 전혀 그렇지 않습니다. 아마 요셉은 어렸을 때 꾼 꿈을 다 잊어버리고 있었을지 모릅니다. 그럼 언제 그 꿈이 생각났습니까?

요셉이 그들에게 대하여 꾼 꿈을 생각하고 그들에게 이르되 너희는 정 탐꾼들이라 이 나라의 틈을 엿보려고 왔느니라 창 42:9

바로 형들이 자기에게 와서 그 앞에 엎드려 절하는 것을 보고 비로소 자기가 어릴 때 꾼 꿈이 생각났지, 평소에 그 꿈을 생각하며 하나님께서 언제 꿈을 이루어주실까 기다린 것이 아니었습니다.

그럼 요셉은 애굽에 종으로 팔려갔을 때, 또 감옥에 갇혔을 때 그 시간들을 어떻게 견뎠을까요? 하나님이 함께 계시는 것을 알았기 때문에 고생을 고생처럼 여기지 않고 견딜 수 있었던 것입니다. 요셉은 오직 하나님과 동행하는 기쁨으로 모든 시험을 이겼습니다.

오래 참는 것은 주님이 정말 나와 함께 계시는 것이 바라보아져서 그 주님을 바라보는 기쁨을 가지고 사는 것입니다. 그러다보니 기다리는 줄도 몰라요. 돌아보니 오랜 기간을 기다렸지만 순간순간 주님을 바라보는 기쁨이 넘쳐서 힘든 줄도 모르고 지루한 줄도 모르고 넘어가다가 나중에 응답을 받고 보니 '아, 내가 이렇게 오랜 시간을 잘 기다렸구나' 하게 되는 것입니다. 그래서 오래 참음은 결국 주님이 하신 것입니다. 그것이 바로 성령의 열매라는 뜻입니다. 우리가 하는 일은 주님을 바라보는 것뿐입니다.

### 언제까지입니까? 주님?

오래 참음이 특별히 중요한 것은 그것이 주님의 재림을 맞이할 자격이기 때문입니다. 고난과 핍박의 시절, 신실한 성도들은 주님의 재림을 갈망하였습니다. 그러나 여기저기서 사람들이 주 예수님의 재림에 대한 약속을 조롱하는 소리가 들려옵니다.

"주님이 재림해 오신다는데 오시기는 하겠어?"

"아, 2천 년이나 지났잖아. 아니 그걸 지금도 믿어?"

먼저 이것을 알지니 말세에 조롱하는 자들이 와서 자기의 정욕을 따라 행하며 조롱하여 이르되 주께서 강림하신다는 약속이 어디 있느냐 조상들이 잔 후로부터 만물이 처음 창조될 때와 같이 그냥 있다 하니

벧후 3:3,4

사람들이 이렇게 말할 때 베드로는 이렇게 답하라고 가르쳐줍니다.

사랑하는 자들아 주께는 하루가 천 년 같고 천 년이 하루 같다는 이 한 가지를 잊지 말라 주의 약속은 어떤 이들이 더디다고 생각하는 것 같이 더딘 것이 아니라 오직 주께서는 너희를 대하여 오래 참으사 아무도 멸망하지 아니하고 다 회개하기에 이르기를 원하시느니라

벧후 3:8,9

주님의 재림이 왜 자꾸 늦춰질까요? 주님이 약속하신 것을 미루시는 것이 아닙니다. 주님은 모든 이들이 다 구원받기를 원하십니다. 주님께는 하루가 천 년 같고 천 년이 하루 같다고 베드로가 설명합니다. 그러나 베드로가 처음부터 이런 사람은 아니었습니다. 제자들이 부활하신 주님께 "이제 하나님의 나라가 임한 것입니까?"라고 질문했습니다. 그 질문에 앞장 선 사람이 아마 수제자 베드로였을 것입니다.

그들이 모였을 때에 예수께 여쭈어 이르되 주께서 이스라엘 나라를 회
복하심이 이 때니이까 하니 행 1:6

철저히 자신들의 생각만 한 것입니다. 그러나 이것은 성령받기
전의 마음입니다. 언제 주님의 나라가 임하는지, 지금인지 묻던 베
드로가 성령을 받은 후 완전히 달라졌습니다. 매를 맞고 고난을
받는 상황에서도, 주님이 아무 역사를 이루어주시지 않아도 원망
하지 않았습니다. 주님을 바라보니 자신을 괴롭히는 사람, 힘들게
하는 사람, 꼴도 보기 싫은 사람, 그 사람들도 다 하나님이 구원
하기 원하시는 사람들이라는 것을 알았기 때문입니다.

그때부터 베드로에게 "주님, 언제까지입니까?" 하는 이 말이 없
어졌습니다. 아무리 핍박과 고난을 당해도 "하나님, 하나님께서
구원하실 자들이 다 구원되기를 원합니다" 이렇게 바뀌어버렸습니
다. 성령을 받고 주님을 바라보는 눈이 뜨이고 나면 기다리는 능
력이 엄청나게 커집니다. 안달하고 조급하고 하나님이 계시냐 안
계시냐 이러던 사람이 이제는 자기를 핍박하는 그 사람을 위해 기
도할 수 있는 사람으로 바뀝니다. 자신도 기다리게 되고 성도들에
게도 기다리라고 권면하는 사람이 된 것입니다.

사도 바울도 똑같이 이렇게 말했습니다.

하나님은 모든 사람이 구원을 받으며 진리를 아는 데에 이르기를 원하

시느니라 딤전 2:4

## 오래 참게 되는 비밀

"그래도 2천 년이 지나도록 오시지 않는 것은 너무 지나치지 않습니까?" 만약 주님이 재림에 대해 약속하시고 2천 년이 넘도록 가만히 계셨다면 지나치다 할 만하겠습니다. 그러나 지난 2천 년 동안 우리 주님이 성도들과 함께하셨다면 말이 달라집니다. 성령으로 우리의 심령에 오신 예수님을 알면 주 예수님의 재림이 늦어진다고 원망하거나 낙심할 이유가 없는 것입니다. 그리고 다시 오실 그 주님이 지금 내 안에 영으로 계시니까 우리가 얼마든지 견디고 믿음을 지키고 인내할 수 있는 것이죠.

성경에 보면 주님의 재림이 도둑같이 임할 것이라고 예언하였습니다(벧후 3:10). 그러나 성도들은 결코 주님의 재림을 도둑이 오는 것처럼 맞이하지 않을 것이라고 말씀했습니다(살전 5:4). 항상 주 예수님과 동행하며 살았기 때문입니다. 이미 우리 안에 계신 주님, 그 주님을 이제 눈으로 뵙게 되는 것입니다. 그래서 인내할 수 있습니다. 끝까지 주님의 재림을 믿고 기도하고 기다리고, 선교 완성을 위해 땅끝 모든 족속에게 복음을 전하는 그 일에 헌신하고, 이렇게 주님과 동행하며 사는 것이 오래 참음입니다.

믿음의 주요 또 온전하게 하시는 이인 예수를 바라보자 그는 그 앞에 있는 기쁨을 위하여 십자가를 참으사 부끄러움을 개의치 아니하시더니 하나님 보좌 우편에 앉으셨느니라 히 12:2

예수님도 겟세마네 동산에서 십자가의 고난을 생각하시고 할 만하시거든 이 잔을 내게서 지나가게 해달라고 간구하셨습니다. 그러나 하나님께서 그것을 허락하지 않으시자 예수님은 십자가를 참으셨습니다. 그 끔찍한 죽음을 오래 참음으로 기다리셨습니다.

우리가 믿는 예수님은 그 고통스러운 십자가 지실 것을 분명히 알면서도 끝까지 십자가를 참으신 분입니다. 그 주님이 지금 우리 안에 오셨습니다. 그 주님을 우리가 왕이라고 고백하고 있습니다. 지금 우리에게 일어나는 어려운 일들 중에 예수님의 십자가보다 더 큰 일이 있겠습니까? 십자가를 참으신 주님이 지금 내 안에 계시고 나의 왕이신데, 내가 주님을 바라보고 그분과 친밀하게 되면 우리는 견디지 못할 일이 없게 됩니다.

예수님은 내 안에 계시면서 무작정 참으라고만 하시지 않습니다. 위로의 말씀으로 격려해주십니다. "조금만 더 기다려라. 낙심하지 말아라. 아직 포기하지 말아라." 우리 마음을 만져주시고 다독여주십니다. 그러니 우리가 오래 참는 사람이 안 될 수가 없습니다. 끝내고 싶고 더 이상 못 참을 것 같던 마음이 사라지게 됩니다. 오히려 내게 있는 고난이 아무것도 아니라고 생각하게 됩니다.

또한 이 고난에 동참할 수 있게 하신 예수님께 감사하게 됩니다. 이것이 오래 참게 되는 비밀입니다. 오래 참음은 예수님을 바라보는 기쁨에서 오는 것입니다.


## 인내를 기르시는 하나님

성도인 우리는 누구나 예외 없이 인내의 훈련을 받고 있습니다. 답답하고 실망스럽고 억울하고 고통스런 일들이 생길 때, 그것이 오래 참는 훈련이라는 것을 깨달아야 합니다. 그 일들이 비록 고통스럽고 슬프기는 해도 한 가지 유익이 있습니다.

> 다만 이뿐 아니라 우리가 환난 중에도 즐거워하나니 이는 환난은 인내를, 인내는 연단을, 연단은 소망을 이루는 줄 앎이로다 롬 5:3,4

우리가 환난을 거치면서 인내를 훈련하게 된다는 것입니다. 죽을 고비도 넘겨보고, 전쟁도 겪어보고, 내일 먹을 양식도 없이 온갖 고생을 해본 분들이라면 어지간한 어려움은 어려움으로 여기지 않습니다. 환난이 인내를 낳은 것입니다. 기다릴 수 있어요. 그러나 고생을 안 해본 사람은 아주 작은 시련에도 견디지 못해 힘들어합니다.

인내가 얼마나 중요하면 하나님이 환난을 통해서 우리에게 인내를 기르게 하시겠습니까.

보라 인내하는 자를 우리가 복되다 하나니… 약 5:11

어떤 어려움과 시험이 와도 마음이 요동하지 않고 하나님이 역사하실 때까지 기다릴 수 있는 사람은 복되고 놀라운 사람입니다.

네가 나의 인내의 말씀을 지켰은즉 내가 또한 너를 지켜 시험의 때를 면하게 하리니 이는 장차 온 세상에 임하여 땅에 거하는 자들을 시험할 때라 계 3:10

주님도 그것이 얼마나 고마웠으면, "인내하라는 내 말을 지켰다"라고 하셨겠습니까.

성도들의 인내가 여기 있나니 그들은 하나님의 계명과 예수에 대한 믿음을 지키는 자니라 계 14:12

주님은 우리를 더 기다리게 하실 수 있습니다. 더 참을 수 있게 해주십니다.

## 우리의 기도를 인도하시는 주님

'기도하는 하이드'(praying Hyde)라고 알려진 존 하이드라는 인도의 선교사님이 있습니다. 그의 주요 사역은 기도하는 것이었고 그는 모든 것을 기도로 했습니다. 나머지 사역은 다 부수적이라고 할 정도로 정말 강력한 기도의 사역자였습니다.

하루는 하이드가 인도의 한 순회 전도자를 만났는데 그에게는 열정도 없고 열매도 없었습니다. 하이드가 그 전도자를 위해 기도했습니다. '주님, 아시지요…' 하이드는 이어서 '이 형제가 얼마나 심령이 차가운 사람인지…'라고 기도하려고 했는데, 성령께서 갑자기 잠언 30장 10절 말씀으로 그 기도를 막으셨다고 합니다.

"너는 종을 그의 상전에게 비방하지 말라."

하이드는 그도 주의 종인데 자신이 주님께 그를 비방하는 기도를 하려고 한 것을 깨닫고 소스라치게 놀라 기도를 바꿨습니다. 하이드는 뭔가 그의 좋은 점들을 생각해내어 하나님께 감사의 기도를 드렸습니다. 그런데 몇 달이 지나기도 전에 그 형제가 탁월한 전도자로 변화되어 많은 열매를 거두게 되었습니다.

무엇이 그 전도자를 바꾸었습니까? 기도조차 주님의 인도하심을 받았기 때문입니다. 주님의 인도를 받으면 우리의 기도가 달라질 것이고 어떤 사람도 더 기다리고 인내할 수 있을 것입니다. 지금 우리와 함께 계시는 주님은 우리가 만나는 사람들을 더 기다릴 수 있게 해주십니다. 우리에게 주어진 상황을 새로운 눈으로 보게 해주세요. 주님이 그렇게 해주시니까 기다릴 수 있는 것입니다.

예수님과 진실한 교제를 경험해보았다면, 그 시간이 어떤 시간보다 소중하고 행복하다는 것을 알게 됩니다. 연인을 기다리는 시간이 지루하지 않듯이, 예수님과 함께함으로 인내하는 시간도 짧게 느껴집니다. 어떤 분은 하루에 몇 시간이나 기도했다고 만족해합니다. 누군가와 경쟁적으로 기도하는 사람도 있습니다. 누가 더 오래 기도하는지 보자는 마음으로 새벽예배 때 더 오래 앉아 있으려고 합니다.

그러나 기도는 그렇게 인간적인 생각으로 오래 하려고 한다고 해서 되는 것이 아닙니다. 진정한 기도는 '되어지는' 것입니다. 정말 존경하는 분, 꼭 만나고 싶었던 분, 혹은 사랑하는 연인과 함께 있다면 시간가는 줄 모를 것입니다. 1시간을 대화해도 10분 정도 대화한 것으로밖에 여겨지지 않습니다. 기도도 마찬가지입니다. 기도가 주님과의 대화가 되면 시간은 금방 지나갑니다. 저절로 더 많은 시간을 들여 기도하게 됩니다. 성령이 거하시면 신앙생활도 자연스럽게 인내할 수 있게 되고 그 과정에서 예수님과의 교제의 기쁨을 누리게 됩니다.

**어느 전도자가 맺게 된 오래 참음의 열매**

영국 런던 남부에 위치한 어느 침례교회 목사님 이야기입니다. 이 목사님이 어느 주일에 예배를 마치려고 하는데 갑자기 교인 중 한 명이 간증을 하겠다고 나섰습니다. 그의 간증은 자신이 이렇게 교인이 된 이유가 호주 시드니의 조지 스트리트(George street)라는 거리에서 전도를 받았기 때문이라는 것입니다. 어느 나이 지긋한 백발의 남자가 자기를 보더니 "당신은 구원받으셨습니까? 오늘 죽는다면 천국에 갈 수 있습니까?"라고 불쑥 이야기하더라는 것입니다. 그 말을 듣고 영국으로 오는 내내 고민을 하다가 결국 예수님을 영접하게 되어 오늘 이 교회에 나오게 되었다는 것입니다.

그 간증을 듣고 나서 이 목사님이 호주로 집회를 가게 되었습니다. 그곳에서 어떤 자매와 상담을 하는데 어떻게 예수님을 믿게 되었는지 묻자, 그 자매도 그 때 간증했던 교인과 똑같은 이야기를 하는 것이었습니다. 두 달 전, 시드니에 갔는데 조지 스트리트에서 쇼핑을 할 때 자그만 백발의 노인이 백화점 문을 열고 나와 자기에게 소책자를 주면서 "숙녀분, 당신은 구원받으셨나요? 오늘밤 죽는다면 당신은 천국에 갈 수 있나요?"라고 한 후 그냥 지나가더라는 것입니다. 이후 불안한 마음에 근처 교회를 찾았고 예수님을 영접하게 되었다고 합니다.

그 자매와 상담한 지 2주 후, 목사님은 어느 장로님과 식사를 하게 됩니다. 그 자리에서 어떻게 예수를 믿게 되었는지 물었는데 그 장로님이 자기는 15살부터 교회를 다녔지만 하나님의 은혜 속에 거하지 못했다고 했습니다. 그러다가 3년 전 사업 차 시드니에 갔다가 조지 스트리트를 걸어가는데 아주 키가 작고 백발인 한 남자가 자기에게 소책자를 주면서 "당신은 구원받았습니까? 오늘 죽어도 천국에 갈 수 있습니까?"라고 물었다는 것입니다. 처음에는 장로인 자신에게 구원받았냐고 묻는 것이 황당했지만 자신에게 구원의 확신과 성령충만함이 없다는 것을 깨닫고 돌이켜 회개하고 새롭게 신앙생활을 시작하게 되었다고 했습니다.

목사님은 만나는 사람마다 이렇게 똑같은 이야기를 하는 것이 신기해서 이 이야기를 다른 부흥회 설교 시간에 하게 되었습니다. 그런데 설교 후, 네 분의 목사님이 자신에게 오더니 자신도 오래 전에 그 조지 스트리트의 전도자를 통해 예수를 믿게 되었다고 말하는 것이었습니다. 심지어 카리브에 가서 집회를 하게 되었는데 집회가 끝나고 세 분의 선교사가 찾아오더니 그들 역시 조지 스트리트의 작은 노인에게서 전도를 받고 충격을 받아 선교사까지 되었다고 했습니다. 이후, 미국 애틀랜타 해군 군목들을 대상으로 한 집회에 갔을 때도 한 군종병이 그 노인을 만나 예수를 믿게 되었다는 이야기를 전해주었습니다.

6개월 뒤, 목사님은 인도에서 집회를 가졌는데 5천 명이 넘는 인도의 사역자들 중 최고 리더에게 어떻게 힌두교를 버리고 예수를 믿게 되었냐고 했더니, 그 역시 조지 스트리트의 노인 때문에 믿게 되었다고 말했습니다. 그는 처음에 "오늘 죽으면 천국에 갈 수 있느냐?"는 노인의 말을 듣고 힌두교인으로서 천국에 간다는 사실에 자신이 없다고 느꼈고, 그래서 힌두교 성직자에게 상담을 하자 "나는 당신에게 오늘 죽어도 천국에 갈 수 있는 확신은 줄 수 없지만, 저기 저 길 끝에 가면 거기 개신교 선교사가 있는데 그 사람에게 이야기하면 혹시 도움을 받을 수 있을지 모르겠다"라고 말했다고 합니다. 그래서 그 선교사님을 만나 그 길로 예수님을 영접하게 되었다는 것입니다.

수많은 이야기를 듣고 나서 8개월 뒤에 그 목사님은 시드니 남부에 집회를 인도하러 가게 되었습니다. 그리고 당연히 조지 스트리트에 들러 그 전도자를 찾아보았습니다. 수소문해 찾아간 곳은 작은 아파트였고, 거기서 노인 한 분이 문을 열고 나오셨습니다. 이제는 몸이 많이 쇠약해져서 전도를 나가지 못하는 그 노인에게 그동안 들었던 간증들을 하나하나씩 이야기해주었습니다. 그러자 노인은 눈물을 흘리며 자신의 이야기를 시작했습니다.

그는 원래 해군이었고 타락한 삶을 살았었다고 합니다. 그러던 어느 날, 동료로부터 전도를 받았는데 그때 지옥에 대해 듣고 큰 충격을 받았다고 합니다. 그리고 예수 그리스도를 통해 자신이 구원받았고 자기 삶이 완전히 변화될 수 있었다는 사실에 감사하여 하루에 최소한 10명을 전도하겠다고 약속했다는 것입니다. 그것도 다른 말없이 "예수 믿으십니까? 지금 죽어도 천국에 갈 수 있나요?" 이 말만 하면서 말입니다.

40년 동안 그렇게 전도했지만 한 사람도 자신 앞에서 예수님을 영접한 사람이 없었다고 합니다. 그런데 자기로 인해서 그렇게 많은 사람이 예수를 믿었고, 그것도 대단한 사역자가 되었다는 얘기를 듣고 노인은 펑펑 울었습니다. 하나님은 이름도 알려지지 않은 이 사람을 통해 놀라운 일을 행하셨던 것입니다. 그리고 2주 후 그는 세상을 떠났습니다.

구원의 역사는 금방 이루어지지 않을 수 있습니다. 정말 한참 기다려야 할 때도 있습니다. 그런데 우리가 성령충만하여 오래 참음의 열매를 맺으면 전도의 열매가 당장 맺히지 않더라도 좌절하지 않고 더 열심히 전도하게 됩니다. 구원의 역사를 이루시는 하나님을 신뢰하기 때문에 오래 참을 수 있는 것입니다.


## 동행일기는 주님 역사의 기록이다

우리나라에 온 언더우드 선교사의 기도에도 오래 참음의 열매가 나타나 있습니다.

"오 주여! 지금은 아무것도 보이지 않습니다. 보이는 것은 고집스럽게 얼룩진 어둠뿐입니다. 어둠과 가난과 인습에 묶여 있는 조선 사람뿐입니다. 조선의 마음이 보이지 않습니다. 그리고 저희가 해야 할 일이 보이지 않습니다. 그러나 주님, 순종하겠습니다. 겸손하게 순종할 때 주께서 일을 시작하시고 그 하시는 일을 우리의 영적인 눈이 볼 수 있는 날이 있을 줄 믿나이다.

지금은 우리가 황무지 위에 맨손으로 서 있는 것 같사오나, 지금은 우리가 서양 귀신, 양귀자라고 손가락질 받고 있사오나, 저희들이 우리 영혼과 하나인 것을 깨닫고 눈물로 기뻐할 날이 있음을 믿나이다. 지금은 예배드릴 예배당도 없고 학교도 없고 그저 경계와 의심과 멸시와 천대함이 가득한 곳이지만 이곳이 머지않아 은총의 땅이 되리라는 것을 믿습니다. 주여! 오직 제 믿음을 붙잡아 주소서!"

100여 년이 지난 지금 이 기도문이 우리에게 큰 감동이 됩니다. 언더우드 선교사의 기도가 기록되었기 때문에 지금 우리가 그것을 읽을 수 있습니다. 무엇보다 그가 믿음을 가졌지만 이렇게까지 되리라고 상상할 수 있었을까요? 그가 드렸던 기도가 그대로 30배, 60배, 100배의 열매를 맺었잖아요. 우리가 매일 주님을 바라보는 일기를 쓰면 이런 놀라운 간증들이 우리 눈에 들어옵니다. 우리의 자녀들, 우리의 후손들이 여러분이 기록한 일기와 기도를 보고 놀랍게 하나님께 영광을 돌리게 될 것입니다.

하나님이 어떤 역사를 이루실 때 어느 한순간에 당장 이루시는 것 같지 않아도 시간이 흐르고 난 다음 돌아보면 하나님께서 놀랍게 역사하셨다는 것을 알 수 있습니다. 기다리는 자는 반드시 하나님의 역사를 경험하게 됩니다. 그런데 내가 무슨 기도를 했는지, 도대체 무엇을 기다렸는지도 모르면 무슨 역사가 일어난들 그것을 어떻게 알겠습니까.

다 같이 동행일기를 쓰자고 한 지 8년이 지났습니다. 생각해보면 매우 짧은 시간입니다. 그런데 주님과의 친밀함은 너무나 깊어졌고 주의 약속을 기다릴 수 있는 힘이 강해졌습니다. 사람에 대해서, 상황에 대해서, 기다리고 또 기다리고, 주님이 역사하실 때까지, 주님의 일이 드러날 때까지 내 생각과 방법을 내려놓고 주님만 바라보게 하셨습니다. 주님을 바라보는 것이 기다리는 것입니다.

예수님과 동행하는 삶을 매일 기록하는 예수동행일기는 오래 참는 훈련에 매우 유익합니다. 예수동행일기를 한 주 쓰는 것과 한 달간 계속 쓰는 것이 다르고, 6개월을 쓰면 놀라운 일을 경험하게 되고, 1년이 다르고 2년이 다르고 3년이 다릅니다. 주님과의 친밀함이 놀랍게 달라지기 때문입니다.

## 사랑하는 분과 함께 기다리자

한번은 새해를 맞아 성도들에게 안수기도를 하였는데, 부목사님 한 분이 동행일기에 이렇게 쓰셨습니다. 아마 젊은이교회 청년들을 기도해준 날이었던 모양입니다.

"젊은이들이라 배우자를 위한 기도 제목이 많았습니다. 그런데 자신도 많은 준비가 필요하다는 사실을 아직 잘 모르는 것 같습니다. 자신이 좋은 배우자가 되게 해달라는 기도 제목은 없었습니다. 결혼한 성도들 중에는 자신이 좋은 남편과 아버지가 되게 해달라, 좋은 아내가 되게 해달라는 기도 제목을 가끔 보았습니다. 예수님만 바라보며 살다보니 더 이상 요구할 것이 없다고 했습니다."

이것이 예수동행일기의 중요한 목표입니다. 우리는 '주님을 알고 주님으로 사는 삶의 훈련'을 받아야 합니다. 그러면 기다림마저 행복합니다. 사랑하는 사람과 기다린다면 오래 기다려도 피곤하지 않습니다. 주님 앞에 서면 불평과 원망이 다 사라집니다. 주님을 바라보는 눈이 뜨이면 다른 사람에게 요구할 것이 없어집니다.

다윗이 이렇게 고백했습니다.

여호와 앞에 잠잠하고 참고 기다리라 자기 길이 형통하며 악한 꾀를 이루는 자 때문에 불평하지 말지어다 시 37:7

여러분, 우리 안에 이미 주님이 오래 참음의 열매를 맺어가고 계십니다. 우리가 그 사실을 분명히 볼 수 있어야 합니다. '과연 내가 끝까지 인내할 수 있을까?' 자신 없는 분이 있습니까? 여러분은 끝까지 참을 수 있습니다. 하나님께서 하시는 일이 완전히 이루어질 때까지 무너지지 않고 견딜 수 있습니다. 그 은혜를 이미 다 받으셨습니다. 그것이 복음이기 때문입니다. 오래 참음의 열매는 "나는 죽었습니다" 하고 고백하며 살 때 맺어지는 것입니다. 우리가 예수님을 믿으면 우리가 이미 주님과 함께 죽고 예수님으로 사는 자가 된 것입니다. 이제는 사랑만 하며 살고, 감사하며 살고, 베풀며 살고, 섬기며 사는 것입니다.

할렐루야! 그러다보면 주님이 내게 약속하신 것을 이루세요. 하나님의 역사를 경험할 수 있습니다. 돌아보면 '아, 내가 어떻게 이렇게 기다렸을까?' 싶겠지만 복음을 붙잡고 주님을 바라보고 살았기 때문에 기다릴 수 있었던 것입니다. 그래서 오래 참음의 열매도 맺어지는 것입니다.

## Prayer Points

1. '언제까지? 언제까지?' 하는 나의 조급함과 낙심과 원망이 마음에서 떠나가게 하소서. 주의 보혈로 씻어지게 하소서. 안달하고 기다리지 못하는 심령이 완전히 다스림을 받게 하소서.

2. 우리가 당하는 어려움이 인내를 기르시는 하나님의 뜻임을 믿게 하소서. 환난과 시련 중에도 요동하지 않는 인내하는 믿음을 주소서.

3. 주님을 바라보는 눈이 뜨여서 주의 약속이 이루어질 때까지 여러 가지 시험을 만나도 기쁨을 잃지 않게 하소서.

# 잘못한 사람이
## 품어지는 기적

<sup>1</sup> 예수는 감람산으로 가시니라 <sup>2</sup> 아침에 다시 성전으로 들어오시니 백성이 다 나아오는지라 앉으사 그들을 가르치시더니 <sup>3</sup> 서기관들과 바리새인들이 음행중에 잡힌 여자를 끌고 와서 가운데 세우고 <sup>4</sup> 예수께 말하되 선생이여 이 여자가 간음하다가 현장에서 잡혔나이다 <sup>5</sup> 모세는 율법에 이러한 여자를 돌로 치라 명하였거니와 선생은 어떻게 말하겠나이까 <sup>6</sup> 그들이 이렇게 말함은 고발할 조건을 얻고자 하여 예수를 시험함이러라 예수께서 몸을 굽히사 손가락으로 땅에 쓰시니 <sup>7</sup> 그들이 묻기를 마지 아니하는지라 이에 일어나 이르시되 너희 중에 죄 없는 자가 먼저 돌로 치라 하시고 <sup>8</sup> 다시 몸을 굽혀 손가락으로 땅에 쓰시니 <sup>9</sup> 그들이 이 말씀을 듣고 양심에 가책을 느껴 어른으로 시작하여 젊은이까지 하나씩 하나씩 나가고 오직 예수와 그 가운데 섰는 여자만 남았더라 <sup>10</sup> 예수께서 일어나사 여자 외에 아무도 없는 것을 보시고 이르시되 여자여 너를 고발하던 그들이 어디 있느냐 너를 정죄한 자가 없느냐 <sup>11</sup> 대답하되 주여 없나이다 예수께서 이르시되 나도 너를 정죄하지 아니하노니 가서 다시는 죄를 범하지 말라 하시니라

요한복음 8:1–11

사람의 능력으로는 할 수 없는 일, 하나님만이 하실 수 있는 일이 일어나는 것을 기적이라고 합니다. 그중에 가장 큰 기적은 사람의 성품이 바뀌는 것입니다. 그것이 성령의 열매입니다. 사랑이 되고, 기쁨이 있고, 화평이 있고, 오래 참는 성품이 되는 것…. '자비'도 그렇습니다. 내가 원래 자비로운 사람이 아니었는데 아주 자비로운 사람으로 바뀌는 것입니다. 이것은 죽을병에 걸렸다가 낫는 것보다 더 놀라운 기적입니다. 죽을병에서 나음을 받는 경우는 극히 소수이지만 성품이 변화되는 역사는 모든 그리스도인들에게 허락된 은혜이기 때문입니다. 사람의 성품이 바뀌는 역사는 정말 엄청난 하나님의 영광입니다.

자비라는 말은 "크고 넓은 마음"입니다. 우리가 쉽게 이해할 수 있는 표현으로는 '친절'이라는 의미가 가장 적합합니다. 그런데 그냥 친절한 것이 아니라 죄인에게, 악한 사람에게, 잘못을 저지른 사람에게 친절하게 대하는 것을 자비라고 말합니다. 곧 자기희생이 있는 친절인 것입니다. 친절은 우리 안에 오신 성령께서 우리를 변화시키시는 모습 중에 하나입니다. 우리 안에 성령이 오셨는지 아닌지는 잘못한 사람에게 친절하게 대하는 사람으로 바뀌었는지 보고 알 수 있다는 것입니다.

기도의 사람 조지 뮬러 목사님에게는 무엇을 잘 잃어버리는 습관이 있었다고 합니다. 물건도 잃어버리고 돈도 잘 잃어버렸는데, 그런 다음에도 목사님은 속상해하지 않고 이렇게 기도했다고 합니다. "하나님, 꼭 써야 할 사람이 쓰게 해주세요. 꼭 필요한 사람이 가져가게 하신 줄 믿습니다. 어차피 내 것이 아니고 주님의 은혜로 제가 임시로 가지고 있었던 거라면 꼭 필요한 사람에게 쓰이게 해주세요." 그는 자비한 마음을 가진 사람이었습니다.

## 자비 vs 복수

친절은 꼭 성령의 사람이 아니라도 누구에게나 매우 중요한 성품입니다. 예를 들면 옷가게에 손님이 와서 이리저리 뒤적거리기만 하다가 그냥 가면 장사하는 입장에서 주인의 기분이 좋지 않습니다. 그래도 나가는 손님 뒤통수에 대고 "아니, 사지도 않으면서 남의 옷에 때만 묻히면 어떻게 해요?" 이렇게 핀잔을 주면 그 사람은 장사를 그만두어야 합니다. 물건을 뒤적거리고 속을 뒤집어놓는 손

님이라 할지라도 너그럽게 생각하고 "마음에 드는 것이 없으시다
니 죄송합니다. 더 좋은 물건을 갖다 놓을 테니 다시 한번 들러주
세요" 하고 인사하면 그 손님이 다시 찾아올 가능성이 많을 것입니
다. 장사를 해도 친절한 사람, 자비한 사람이 잘합니다.

그런데 문제는 이 자비가 우리의 본성에 맞지 않는다는 것입니
다. 우리 본성에 맞는 것은 자비보다는 복수입니다. 누가 나에게
잘못하면 그대로 앙갚음하거나, 그 이상으로 되돌려주고, 많은
사람들 앞에서 드러내어 망신을 주면 속이 시원해지는 그런 마음
을 가진 것이 우리입니다.

예를 들어 만약 누가 내 자녀를 죽였고 그 범인이 지금 내 앞에
있다고 합시다. 아들을 죽인 범인을 볼 때 어떤 마음이 일어납니
까? 아들 죽인 원수를 죽이고 싶을 것입니다. 곧바로 '이해하자.
저 사람도 사정이 있었을 거야. 용서해주자' 이런 마음이 드는 부
모는 없을 것입니다. 심지어 손양원 목사님처럼 '그가 살인죄를 지
었으니 그냥 두면 죽게 될 테니 내가 양자로 맞아야겠다'라고 생
각하는 부모는 찾기 어려울 것입니다. 물론 그 후 마음의 변화가
있을지 몰라도 당장은 그 누구라도 복수의 감정을 주체하기 어려
울 것입니다. 그렇습니다. 복수의 정서가 우리에게 더 맞습니다.
어쩔 수 없는 현실입니다. 내 자식 죽인 범인을 내 손으로 처리하
지 않고 경찰에게 넘기는 것만으로도 법치국가이니 어쩔 수 없이
참는 것이라고 할 수 있습니다.

이렇듯 사람의 본성은 자비롭지 못합니다. 그러니까 자비의 열매가 맺어지는 것이 놀라운 것입니다. 우리가 자비로운 사람이 된다면 그것은 하나님의 자비가 우리에게 임하였기 때문입니다. 우리는 하나님의 엄청난 자비를 받고 살아가고 있습니다. 예수 그리스도께서 그 증거입니다.

이는 그리스도 예수 안에서 우리에게 자비하심으로써 그 은혜의 지극히 풍성함을 오는 여러 세대에 나타내려 하심이라 엡 2:7

우리는 모두 다 하나님의 말할 수 없는 자비로 구원받았습니다. 그러나 우리가 하나님의 자비를 받았다고 다른 사람에게 저절로 자비로운 사람이 되는 것은 아닙니다. 여기에 우리의 고민이 있습니다. 우리가 십자가의 은혜를 알고 하나님께서 나에게 베풀어주신 자비로움을 분명히 아는데, 그러면서도 왜 다른 사람들, 나의 가족, 이웃, 동료들에게 까다롭고 인색하고 잘못한 것이 용납이 안 되고 친절하게 품어주지 못할까요?

하나님의 심판대를 경험했는가?

자비라는 성령의 열매가 맺어지려면 십자가의 복음, 자신이 받은 하나님의 은혜를 아는 것만으로는 되지 않습니다. 성령의 감동으로 십자가의 은혜를 경험해야 합니다. 두렵고 떨리는 하나님의 심판대 앞에 서 보아야 합니다. 반드시 하나님의 자비로운 은혜를 경험한 사람만이 자비로운 사람이 됩니다.

요한복음 8장에 간음하다가 현장에서 붙잡힌 여인은 하나님의 무서운 심판대 앞에 섰습니다. 율법에 의하면 간음한 사람은 돌로 쳐서 죽이라고 되어 있으니까 이제 꼼짝없이 죽는 것입니다.

> 서기관들과 바리새인들이 음행 중에 잡힌 여자를 끌고 와서 가운데 세우고 예수께 말하되 선생이여 이 여자가 간음하다가 현장에서 잡혔나이다 모세는 율법에 이러한 여자를 돌로 치라 명하였거니와 선생은 어떻게 말하겠나이까 요 8:3-5

그런데 여인이 그 죽을 자리에서 살아났습니다. 돌에 맞아 죽을 절체절명의 순간, 예수님께서 "나도 너를 정죄하지 않겠다. 다시는 죄를 짓지 마라" 그러셔서 그 상황에서 구원받았습니다.

> 예수께서 일어나사 여자 외에 아무도 없는 것을 보시고 이르시되 여자여 너를 고발하던 그들이 어디 있느냐 너를 정죄한 자가 없느냐 대답하되 주여 없나이다 예수께서 이르시되 나도 너를 정죄하지 아니하노니 가서 다시는 죄를 범하지 말라 하시니라 요 8:10,11

이 사건 이후 이 여인은 틀림없이 죄짓지 않고 살았을 뿐 아니라 자신에게 죄지은 자를 품어주며 살았을 것입니다. 다른 사람이 잘못한 것을 보고 "어떻게 그래?", "사람이 어떻게 그럴 수 있어?" 이런 말을 했을까요? 자신은 간음하다가 현장에서 붙잡혀서 돌에 맞아 죽을 뻔했는데, 주님이 아무 대가 없이 용서하고 살려준 은혜를 받은 사람입니다. 그러므로 누군가 자기에게 무엇을 잘못하였을지라도 이 여인은 그 사람의 허물, 잘못을 탓하지 않았을 것입니다. 얼마든지 그를 품어줄 수 있었을 것입니다. 하나님의 심판대를 경험했고 속죄의 은혜를 받았기 때문입니다. 이것이 바로 십자가를 온전히 경험한 사람입니다.

여러분은 이처럼 하나님의 심판대 앞에 서본 적이 있습니까? 그 자리에서 "너는 용서받았다", "너는 구원받았다", "이제부터 너는 의롭다"라고 하시는 하나님의 자비를 경험하신 적이 있으십니까? "내가 너를 정죄하지 않겠다", "내가 너를 용서하겠다", "내가 너를 사랑한다" 그런 하나님의 음성을 듣고 구원받으신 체험이 있으십니까? 이 경험이 있느냐 없느냐에 따라 자비의 사람이 될지 아닐지가 갈라집니다. 하나님의 심판대 앞에 서본 경험이 있는 사람과 없는 사람의 차이가 바로 자비입니다.

저는 목사가 될 때까지도 진정한 의미에서 하나님의 심판대 앞에 서본 경험이 없었습니다. 어려서부터 수없이 십자가 복음을 들었지만 지식으로 아는 복음은 저에게 더 이상 특별한 감동을 주지 못했고, 성령의 감동으로 십자가의 복음을 만나지 못한 그런 정도의 수준이면서도 목사가 될 수 있었습니다.

그런데 군목 훈련을 받다가 부상으로 수술을 받던 날, 저는 하나님의 심판대 앞에 서게 되었습니다. 장애인이 될 처지에서 제 자신의 죄가 드러났습니다. 그날 비로소 제가 지옥에 갈 죄인임을 깨달았습니다. 겉으로 모범생이었지만 속은 참으로 비참한 죄인이었습니다. 주님께서는 제 안에 완악한 죄, 다른 사람보다 더 잘났다고 생각하는 그 교만의 죄부터 시작해서 제가 가진 말할 수 없이 더럽고 흉한 죄를 다 드러내셨습니다. 11시부터 새벽 5시까지였으니 거의 6시간을 잠 한숨 못 자고 울고 또 울었던 그 시간, 지금은 아련한 기억으로 남아 있지만, 저에게는 대단히 고통스러운 시간이었습니다. 그러나 은혜의 시간이었어요. 마치 간음하다가 현장에서 붙잡힌 이 여인처럼 저도 하나님의 심판대 앞에 서는 눈이 뜨인 시간이었습니다.

그날 저는 예수님의 십자가가 저를 지옥에서 건져낸 복음임을 알았습니다. 내가 지옥에 갈 수밖에 없는 죄인이라는 것에 눈뜨지 못했다면 나의 모든 죄를 씻으셨다고 하신 복음이 얼마나 놀라운지 몰랐을 것입니다. 그러고 나서 저는 완전히 변화되었습니다. 십자가의 복음은 저에게 말할 수 없는 감격이었고 장애인이 되는 것조차 감사할 마음이 되었습니다. "충분합니다. 제 죄를 사해주신 것만으로도 충분합니다. 이제 진짜 하나님의 종으로만 살겠습니

다. 제가 장애인으로 주의 종의 사명의 길을 가겠습니다." 이렇게
고백할 정도였습니다.


## 아직 죽지 않았다!

우리가 진정으로 십자가에서 하나님의 심판을 경험하고 나면 예수
님을 믿는 삶이 완전히 달라집니다. 예수님과 함께 죽습니다. 성령
께서 여러분에게도 반드시 그와 같은 시간을 갖게 하십니다. 그렇
지 않고는 진짜 예수 믿은 사람이라고 할 수 없기 때문입니다. 우
리가 죽고 나서 다 하나님의 심판대 앞에 서는데, 그전에 먼저 하
나님의 심판대 앞에 서본 사람이어야 하나님의 심판대를 통과하게
된다는 것을 명심하시기 바랍니다. 죽고 난 다음에 처음으로 하나
님의 심판대 앞에 서는 것은 정말 끔찍한 일입니다.

　"간음하다가 현장에서 붙잡힌 여인처럼 내가 돌에 맞아 죽을 사
람이지", "내가 진짜 지옥에 갈 수밖에 없는 그런 죄인이야" 자신에
게 아직 그런 체험이 없다면 성령님에게 먼저 그 눈을 뜨게 해달라
고 기도하셔야 합니다. 복음이 바로 우리를 하나님의 심판대 앞에
가게 만듭니다. 우리가 받은 복음이 '나는 죽고 예수로 사는 복음'
입니다. 십자가의 복음은 우리가 이미 죽은 사람이라는 것을 말씀
하고 있습니다.

그리스도의 사랑이 우리를 강권하시는도다 우리가 생각하건대 한 사람이 모든 사람을 대신하여 죽었은즉 모든 사람이 죽은 것이라

고후 5:14

우리는 당연히 '모든 사람'에 들어갑니다. 중요한 것은 우리가 믿느냐 안 믿느냐 하는 것입니다. 우리는 이미 예수님 안에서 죽은 자입니다. 예수님과 함께 죽었다는 것 자체를 기쁨으로 받아들일 수 있는 사람은 내가 지옥에 갈 수밖에 없는 죄인이었음을 눈뜬 사람입니다. 그 사람에게는 그런 내가 예수와 함께 죽었다는 것이 "할렐루야!"입니다. 하나님의 심판대에 설 옛사람인 나, 지옥에 갈 수밖에 없는 죄 덩어리였던 이전의 나는 예수님과 함께 죽었습니다.

예수를 믿는다는 말은 곧 예수님과 함께 죽었고 하나님의 심판을 이미 받았다는 말입니다. 그리고 이제 새 생명 되시는 예수님으로 사는 것이 바로 십자가의 복음입니다. 성령의 감동으로 이 십자가의 복음에 눈이 뜨이면 우리는 하나님의 심판대 앞에서 심판을 지나 예수님의 십자가 공로로 구원받는 반열에 서게 되는 것입니다. 그리고 우리의 성품에 변화가 일어납니다. 우리가 왜 다른 사람에게 자비롭지 못할까요? 자기가 하나님의 심판대에서 죽을 죄인인 것을 아직도 진짜 깨닫지 못했기 때문에, 내가 하나님으로부터 어떤 자비를 받았는지 제대로 알지 못하기 때문에 그렇습니다. 그것을 알고 나면 사람이 완전히 달라지게 됩니다.

그러나 자신이 아직 죽지 않았다고 믿는 사람도 많습니다. 그 사람은 계속 죽음의 두려움에 사로잡혀 있기 때문에 주님의 열매를 맺을 수 없습니다. "왜 내게 성령의 열매가 맺히지 않을까요?", "왜 나의 성품이 안 바뀔까요?" 우리가 성령의 열매를 맺지 못하는 이유는 딱 하나입니다. 아직도 내가 죽지 않은 것입니다. 우리의 자아가 아직도 시퍼렇게 살아 있기 때문에 우리 안에 오신 성령께서 우리의 성품을 못 바꾸시는 것입니다. 성품의 변화가 일어나는 가장 놀라운 기적이 여러분의 것이 되기 원하신다면 내가 이미 예수님과 함께 죽었음을 믿고 받아들이시기 바랍니다.

> 내가 진실로 진실로 너희에게 이르노니 한 알의 밀이 땅에 떨어져 죽지 아니하면 한 알 그대로 있고 죽으면 많은 열매를 맺느니라
> 요 12:24

자비의 열매는 내가 이미 예수 그리스도와 함께 죽었다는 것을 믿을 때 맺어집니다.


## 이제는 믿으라

수영로교회를 담임하셨던 정필도 목사님이 초창기에 교회를 개척하시고 날마다 새벽예배를 마치고 집으로 돌아가기 전에 수영로

타리를 돌며 기도했습니다. "하나님, 제 목회를 축복해주십시오." 몇 년씩 로타리 주위를 밟으며 기도하는데 하나님께서 이렇게 응답하셨습니다. "내가 너를 위해서 아주 큰 교회를 예비해놓았다." 그런데 그 순간 목사님은 하나님께서 예비하신 일들은 엄청나게 큰데, 그것을 감당할 수 있는 믿음이 자신에게 부족하기 때문에 주실 수 없었다는 사실을 깨닫고 충격을 받았습니다. 그 후 목사님은 로타리를 돌던 일을 그치고 골방에 들어가 믿음을 달라고 기도했습니다. "하나님, 하나님이 하시려는 일이 믿어지는 믿음, 하나님이 이루신 것이 제게 그대로 믿음으로 오게 해주세요." 그 후 하나님께서 정필도 목사님을 정말 놀랍게 쓰셨습니다. 제가 목사님의 간증을 들으며 이 기도가 우리에게 꼭 필요하다는 생각이 들었습니다.

여러분 중에 아직도 "내가 예수님과 함께 죽었고 이제 예수님으로 산다"고 하는데, 듣기는 많이 들었어도 아직 마음에 와닿지 않는다는 분이 계실 것입니다. 그러면 그냥 듣기만 하고 말 겁니까? 그것을 구하셔야 됩니다. "하나님, 제가 예수님과 함께 죽었고 이제 예수님으로 사는 것이 믿어지게 해주세요." 하나님이 그 기도를 얼마나 기뻐하시겠습니까? 그 믿음을 주고 싶어 하시는 분이 하나님이시잖아요.

"하나님, 나 좀 죽여주세요!"라고 하는 분이 있습니다. 그렇게 기도하는 안타까움과 간절함은 너무 귀합니다. 하지만 하나님이 우리를 죽이시는 것이 아닙니다. 하나님은 절대로 그렇게 하지 않으십니다. 우리가 죽는 것은 우리 자신이 우리를 죽음으로 처리해야 하는 것입니다. 이것이 믿음입니다. 예수님이 이루신 구원의 복음을 자신의 것으로 받아들이는 것입니다.

예수님이 십자가에서 죽으실 때 하나님은 하나님이 하실 일을 이미 다 하셨습니다. 이제 우리가 할 일이 남은 것입니다. '내가 예수님을 영접했으니 내가 예수님 안에, 예수님은 내 안에 계시지. 주님은 포도나무이시고 나는 가지잖아. 예수님이 십자가에서 죽으셨으니 나도 죽은 거지.' 이렇게 믿고 받아들이는 사람이 죽는 사람입니다. 이 일까지 하나님이 대신 해주시지는 않습니다.

그래서 똑같은 예수를 믿어도 자아가 죽은 사람이 있고 안 죽은 사람이 있는 것입니다. 하나님 앞에 자꾸 죽여달라고 하지 마세요. 하나님도 곤란하세요. 하나님은 하실 일을 다 하셨고 이제는 믿으라는데 자꾸 죽여달라고 하면 어떡합니까. 이 문제가 해결되지 않으니까 성품의 문제도 해결되지 않는 것입니다. 우리 안에 성령님이 오셨지만 내 자아가 죽음으로 처리되지 않고 있으니까 우리에게 성령의 역사가 나타나기보다 계속 우리 자신의 모습이 드러나는 것입니다.

우리가 하나님께 "이거 이루어주세요, 저거 해결해주세요" 이렇게 기도하기보다 "하나님, 저에게 하나님이 하신 일을 믿는 믿음을 주세요"라는 이 기도가 정말 하나님 앞에 나아가 구할 큰 기도 제

목입니다. 하나님은 우리가 상상할 수 없을 정도로 놀라운 분이시고 나를 향한 놀라운 계획을 가지고 계십니다. 어떤 대단한 사람이라도 그 성품을 완전히 바꾸시는 하나님이십니다. 주님이 믿어지고, 내가 예수님과 함께 죽은 것이 믿어지고, 주님이 내 안에 계신 것이 믿어지는 이 역사가 열쇠입니다.

## 하나님의 은총

요셉이 형들에게 버림받고 끔찍한 세월을 노예로 죄수로 살았지만 그는 형들에게 복수하지 않았습니다. 요셉은 형들을 용서합니다. 가족들을 만나서 그들을 다 품어주었습니다. 어떻게 그렇게 할 수 있었을까요?

> 여호와께서 요셉과 함께하심이라 여호와께서 그를 범사에 형통하게 하셨더라 창 39:23

요셉이 원하는 것은 하나밖에 없었습니다. 바로 하나님의 함께하심입니다. 하나님의 함께하심이 믿어지니 자신을 죽이려고 했던 형들까지 품어지는 것입니다. 우리도 똑같습니다. 하나님이 우리와 함께하시면 우리가 어떤 어려운 처지에 있든, 억울하고 수모를 당하든, 고생을 하든 두려울 것이 하나도 없습니다. 하나님이 나와 함께하시는 것이 정말 믿어지면 누구에게든 자비롭게 합니다. 까다롭게 할 이유가 없습니다. 마음이 평안하고 느긋하고 모든 것을 다 가진 것 같고 부족함이 없습니다. "하나님이 나와 함께 계신다", "주님이 나와 한 몸이시다" 그 점이 믿어지면 가족, 이웃, 동료, 내게 잘못하는 사람들을 대하는 태도가 완전히 달라집니다.

다윗도 사울에게 모진 핍박을 당했습니다. 사울을 피해 이리저리 도망쳐야 했습니다. 그러나 다윗은 왕이 되고 나서 자신을 죽이려고 했던 사울 집안에 오히려 자비를 베풀기 원했습니다. 사울 왕의 손자 므비보셋을 가족처럼 대하며 두 다리를 잘 쓰지 못하는 장애인인 그를 자기가 먹는 식탁에서 먹도록 배려해주었습니다.

왕이 이르되 사울의 집에 아직도 남은 사람이 없느냐 내가 그 사람에게 하나님의 은총을 베풀고자 하노라 삼하 9:3

다윗은 자신이 은총을 베푼다고 하지 않았습니다. '하나님의 은총'을 베풀겠다고 했습니다. 그것은 그가 항상 하나님의 은총을 받고 있었다는 말이고, 자신이 받고 있는 하나님의 은총을 원수의 후손에게 베풀겠다는 것입니다. 하나님의 은총을 받고 있는 사람은 정말 그렇게 합니다. 하나님이 나를 너무나 사랑하시고 나에게 은혜를 베풀고 계신다는 다윗의 이 믿음은 그냥 생긴 믿음이 아닙니다.

우리가 정말 사모해야 할 것이 이것입니다. "하나님, 다윗과 같은 사람도 있는데 저에게도 그런 믿음을 주세요. 하나님의 은총 안에 사는 믿음, 어떤 억울한 일이 있고 위기가 있고 죽을 것 같아도 두려움 없이 항상 하나님을 바라보고 주님을 의지하는 그 믿음을 저에게 주세요." 우리가 그 믿음의 사람이 되면 비로소 성령께서 우리의 모든 성품을 바꾸시기 시작합니다.

유명한 가정 사역자 제임스 돕슨(James Dobson)이 쓴 책 중에 이런 이야기가 있습니다. 미국 가필드 고등학교에 조니(Johnny)라는 이름을 가진 아이가 둘 있었습니다. 한 아이는 모범생이었고, 다른 한 아이는 말썽꾸러기였습니다. 일 년에 한 번씩 부모님과 선생님이 상담하는 날이 있었는데 조니의 어머니가 찾아왔습니다. "저희 아들 조니의 학교생활이 어떻습니까?" 선생님은 만면에 미소를 띠고 "저희 반에 조니와 같은 아이가 있다는 게 얼마나 자랑스러운지 모릅니다. 이 아이로 말미암아 모든 반 학생들이 격려를 얻습니다. 앞으로 하나님이 어떻게 쓰실지 얼마나 기대가 되는지 모릅니다. 조니의 부모님을 만나뵙게 되어 참 반갑습니다." 선생님은 자신이 만난 어머니가 모범생 조니의 어머니라고 생각했던 것입니다.

그런데 그다음 날 말썽꾸러기 조니가 선생님을 찾아왔습니다. "선생님, 어제 선생님께서 우리 어머님께 해주신 말을 들었습니다. 지금까지 살면서 단 한 번도 제게 용기를 주는 사람이 없었습니다. 한 번도 저를 인정해주는 사람이 없었습니다. 선생님께서 저를 그렇게 인정해주시니 선생님의 기대를 실망시키지 않겠습니다."

조니는 그날 평생 처음으로 숙제를 해왔습니다. 그리고 3개월 동안 계속해서 열심히 공부했고 전교에서 성적이 가장 많이 향상된 학생으로 상을 받게 되었습니다. 6개월 만에 반에서 3등 안에 들게 되었습니다. 실수로 한 칭찬 한마디가 문제아에게 새로운 삶을 살 수 있는 동기를 부여해준 것입니다. 사람이 실수로 한 격려와 지지도 한 사람을 이토록 변화시킬 수 있는데, 놀라운 하나님의 사랑은 우리를 과연 얼마나 변화시킬까요? 또한 그 사랑에 힘입어 우리가 자비를 베푼다면 상대가 얼마나 놀랍게 변화될까요? 하나님의 능력에 힘입어 베푸는 자비가 이 세상을 바꾸어 나갈 수 있다는 것을 믿으시기 바랍니다.


## 주님의 자비의 기적

몇 해 전 권사 취임예배를 드릴 때 권사님 한 분이 간증을 하셨습니다.

그 분이 집사님이실 때 제자훈련을 제대로 못 마친 일이 있었습니다. 집사 시절, 남편이 교회 다니는 것을 싫어하여 남편에게 독서 모임에 간다고 거짓말을 하고 몰래 제자훈련을 받았는데, 그러다가 10단원 '영적 전쟁'에서 마귀는 거짓의 아비로 거짓말이 마귀의 역사라는 것을 배우고 난 뒤 집사님은 심각한 고민에 빠졌습니다. 그래서 당시 강사로 섬기던 사모님과 상담을 한 뒤 남편에게 솔직히 고백하고 남편이 허락하지 않으면 제자훈련을 중단하기로 하였습니다.

'남편을 예수님께 맡기자! 그러자면 거짓말부터 하지 말아야 한다.'

그래서 남편에게 솔직히 이야기하고 지금이라도 남편의 허락을 맡고 훈련을 계속 하든지 중단하든지 하라는 권면을 받았다고 말했습니다. 남편은 몹시 화를 냈지만 집사님이 이제부터 남편에게 교회생활에 관해서 허락을 받고 하겠다고 약속하고 나서 마음이 조금 수그러졌습니다. 결국 그 집사님은 제자훈련을 두 과 남겨두고 중도에 그만 두었습니다.

강사 사모님도 집사님이 제자훈련을 도중에 그만두게 된 것이 부담이 되어 이 일을 제 아내와 의논하며 사정을 이야기했을 때 제 아내도 "잘했다"고 격려해주며 그 집사님을 위해 간절히 기도하였습니다. 제자훈련도 마치지 못했고 가정 안에서 계속 핍박이 있는데 어떻게 해야 할지 기도할 때 주님은 그 집사님이 제자훈련을 중단한 것이 아니라 진정한 제자훈련을 받은 것이라는 응답을 주심으로 하나님이 그 일을 기쁘게 받으셨다는 것을 알게 되었다고 합니다.

한참을 지나 그 집사님이 권사로 취임하게 되었습니다. 그 때 그는 다음과 같이 간증하였습니다.

"당시에는 이 세상에서 제일 미운 사람이 남편이었습니다. 주님을 정말 사모하고 갈망하는데 주일마다 어렵게 하는 남편이 너무 미웠고, 차라리 혼자 살고 싶다는 생각도 했었는데, 주님을 바라볼 때 주님은 남편을 사랑으로 섬기라고 하셨습니다. 그러자 남편이 변화되기 시작하였습니다. 요즘 남편은 힘들다 싶으면 제게 자기를 위해 기도하는지 물어봅니다. 이전에는 집에서 성경책 보는 것도 엄두를 못 냈는데, 지금은 남편이 집에 있어도 기도할 수 있고 성경을 볼 수도 있습니다. 남편은 제게 교회 냄새가 난다고 말합니다. 그것은 분명 예수님의 향기일 것이라고 믿습니다."

또한 권사님은 권사 직분을 받지 못할 만큼 큰 마음의 눌림이 있었다고 하는데, 그것은 동서인 형님을 미워하고 용서하지 못하는 마음 때문이었습니다.

"아버님을 모시는 문제로 동서와 마음이 불편해져 시댁 일에 신경을 쓰지 않는 형님네가 미웠습니다. 지난 설부터 왕래도 하지 않았습니다. 이런 저의 모습을 보며 내가 이런데 무슨 권사 직분을 받나 싶은 생각이 들었습니다. 하지만 주님을 바라볼 때 아파하시는 주님의 마음이 느껴지며 형님을 용서하고 사랑하라는 마음을 주셨습니다. 그래서 순종함으로 용기를 내어 형님께 진심으로 용서를 구했습니다. 그러자 형님도 자기 때문에 형제들 간에 다투고 분열된 것을 용서해달라고 하셨습니다."

"아들은 고등학교에 입학하고 학교에 적응하지 못해 자퇴를 하겠다고 했습니다. 점점 멀어지는 아들의 일로 견딜 수 없이 힘든 나날들을 보낼 때에도 24시간 주님을 바라보며, 주님이 반드시 선한 길로 인도하실 거라는 믿음을 가졌을 때 두려움과 염려가 사라졌습니다. 그러자 주님은 아들의 마음을 만지기 시작하셨습니다. 고등학교만 졸업하게 해달라고 했던 아들이 지각 결석 조퇴 한 번 하지 않았고, 대학에 합격하였습니다. 아들도 놀라고 남편 또한 놀라워했습니다. 이 모든 것을 주님이 하셨습니다."

## 성품의 열매가 맺어지는 기록

권사님이 이처럼 불같은 시험을 이겨낸 비밀은 24시간 주 예수님을 바라보는 데 있었습니다.

"지난 2년 동안 써왔던 예수동행일기를 보면서, 그 당시에는 힘들고 믿음이 없다고 좌절도 했었는데 지금 그때 일기를 읽어보니 참으로 주님을 바라보면서 믿음으로 반응하는 모습을 보고 내가 주님 안에 있는 것이 대견하였습니다. 아빠 아버지! 맨날 힘들다고 징징거리던 저를 이렇게 성장하게 하시니 참 감사합니다."

이 권사님이 주님을 바라보며 여러 신앙의 고비들을 극복해 나간 과정을 가만히 보면 성령님이 분명히 우리 안에 성품의 열매를 맺으시는 것을 알 수 있습니다. 자신에게 잘못한 사람에 대하여 오히려 더 친절하게 대할 때 남편이 변하고, 손위 동서가 변하고,

아들이 변화되었습니다. 하나님은 이 일을 우리에게도 이루어주기를 원하십니다. 구하십시오. 여러분에게도 믿어지는 역사가 일어나기를 구하세요. 지금도 우리와 함께 계시는 주님을 바라보는 눈이 분명히 뜨일수록 주님이 이끄시는 길로 갈 수 있습니다. 주님이 역사하시는 변화가 일어나기 시작합니다.

진정으로 주 예수님을 붙잡고 살아야 합니다. 누구라도 품을 수 있는 주님의 마음이 품어질 때까지 기도해야 합니다. 나는 죽고 예수로 사는 이 복음이 분명해야 합니다. 그때 하나님의 자비를 알게 되고, 자비의 열매를 맺게 됩니다.

### Prayer Points

1. 내게 잘못한 사람을 용서하지 않고 비난하고 불평하였던 것을 용서해 주소서. 사람에 대해 까다로워지는 문제를 해결받게 하소서.

2. 내가 예수님과 함께 죽고 예수님으로 사는 십자가 복음이 분명해지게 하소서. 머리로 아는 자가 아니라 마음의 중심으로 믿어지게 하소서. 십자가를 통과한 자가 되게 하소서.

3. 오직 예수님을 바라보는 눈을 열어주셔서 사람을 보기 전에 주님을 먼저 바라보게 하소서. 자비의 열매를 맺으며 살게 하소서.

# 예수님을 믿으면
## 정말 선해지는가?

³¹ 인자가 자기 영광으로 모든 천사와 함께 올 때에 자기 영광의 보좌에 앉으리니 ³² 모든 민족을 그 앞에 모으고 각각 구분하기를 목자가 양과 염소를 구분하는 것같이 하여 ³³ 양은 그 오른편에 염소는 왼편에 두리라 ³⁴ 그 때에 임금이 그 오른편에 있는 자들에게 이르시되 내 아버지께 복 받을 자들이여 나아와 창세로부터 너희를 위하여 예비된 나라를 상속받으라 ³⁵ 내가 주릴 때에 너희가 먹을 것을 주었고 목마를 때에 마시게 하였고 나그네 되었을 때에 영접하였고 ³⁶ 헐벗었을 때에 옷을 입혔고 병들었을 때에 돌보았고 옥에 갇혔을 때에 와서 보았느니라 ³⁷ 이에 의인들이 대답하여 이르되 주여 우리가 어느 때에 주께서 주리신 것을 보고 음식을 대접하였으며 목마르신 것을 보고 마시게 하였나이까 ³⁸ 어느 때에 나그네 되신 것을 보고 영접하였으며 헐벗으신 것을 보고 옷 입혔나이까 ³⁹ 어느 때에 병드신 것이나 옥에 갇히신 것을 보고 가서 뵈었나이까 하리니 ⁴⁰ 임금이 대답하여 이르시되 내가 진실로 너희에게 이르노니 너희가 여기 내 형제 중에 지극히 작은 자 하나에게 한 것이 곧 내게 한 것이니라 하시고 ⁴¹ 또 왼편에 있는 자들에게 이르시되 저주를 받은 자들아 나를 떠나 마귀와 그 사자들을 위하여 예비된 영원한 불에 들어가라 … ⁴⁶ 그들은 영벌에, 의인들은 영생에 들어가리라 하시니라

마태복음 25:31-46

우리는 흔히 뭔가 새롭게 시작하려고 할 때 삶의 변화를 위해 여러 가지를 바꿔보려고 시도합니다. 집을 바꾼다든지 직장을 바꾼다든지 또는 사람을 바꾼다든지 해서 우리 주변의 어떤 조건을 바꾸려고 합니다. 그러나 하나님께서 우리에게 새로운 삶을 주실 때는 먼저 우리의 마음을 바꾸십니다. 여러분, 마음 하나 바꾸면 삶 전체가 바뀌고 모든 것이 달라집니다. 환경이 그대로라도 마음이 바뀌면 삶이 완전히 달라집니다. 그래서 우리 주님이 하시는 가장 중요한 일이 우리의 마음을 바꾸시는 것입니다. 마음을 바꾸는 것이 바로 성품의 변화이고 그것을 성령의 열매라고 합니다.

## 우리는 선하지 않다!

"예수님을 믿으면 사람이 선해집니까?" 이렇게 질문하면 금세 "아닌데요"라는 대답이 나올 것입니다. 그런데 잘 몰라서 그렇지 선해집니다. 예수님을 바로 믿기만 하면 그리 됩니다. 성령의 열매인 '양선'이 그런 것입니다. 자비나 양선이 비슷해 보이지만 차이가 분명합니다. 자비는 특별히 죄지은 사람에게, 잘못한 사람에게 친절과 용서와 사랑을 베푸는 것이라고 한다면 양선은 어려운 사람, 가난한 사람, 아주 작은 사람을 도와주어 그가 위로와 새 힘을 얻게 해주는 것을 말합니다. 한마디로 의무 그 이상으로 도와주는 행위입니다.

그런데 선한 성품 역시 인간의 본성에 맞지 않습니다. 우리는 천성적으로 선하지가 않습니다. 우리의 본성은 굉장히 악하고 이기적입니다. 철저히 자기중심입니다. 본성상 선한 일을 하기 어렵습니다. 그래서 선해지는 것을 성령의 열매라고 말하는 것입니다. 우리가 예수를 믿고 선해지는 것은 온전히 성령의 역사입니다.

여러분, 자신이 어떤 본성을 가지고 사는지 잘 돌아보시기 바랍니다. 세상에는 천성적으로 착한 사람들이 있습니다. 그들은 매우 어질고 착합니다. 누구의 마음을 아프게 한 적도 없고, 해를 입힌 적도 없습니다. 이런 사람들이 흔히 "법 없이도 살 사람"이라는 말을 듣습니다. 그러나 이런 사람들이라고 해서 성령의 열매를 맺은 선한 사람은 아닙니다.

천성이 착한 것과 성령의 열매는 다릅니다. 천성적으로 착한 사람들이라고 해도 모든 사람에게 착하거나 언제나 착할 수도 없습니다. 겉으로는 착해 보여도 속으로는 분노나 스트레스로 끙끙 앓는 경우도 있습니다. 흔히 말하는 '착한 아이 콤플렉스'가 그런 것입니다. 이들에게는 성령의 열매인 기쁨이 없습니다. 화를 낼 용기가 없어서, 또는 착해 보여야 한다는 생각 때문에 억지로 착하게 행동하기 때문입니다. 이럴 때 그 마음은 병들게 됩니다.

여러분, 자신을 스스로 한번 돌아보십시오. 예배 중에 아이가 울 때, 우리는 선합니까? '할렐루야! 하나님, 감사합니다. 이렇게 아이들이 많군요. 이 아이들이 울어서 예배에 방해가 되긴 하지만 그래도 이렇게 함께 예배할 아이들이 있음에 감사합니다' 이렇게 생각하십니까? 대부분의 사람들은 갑자기 짜증이 확 나고 '아니, 애를 돌보는 엄마는 대체 뭐하는 거야?' 이런 생각을 하게 됩니다. 예배 도중 어느 성도의 휴대폰 벨소리가 울릴 때는 어떻습니까? '급한 일이 있나보네' 이런 생각이 드세요? 아니면 '아휴, 교양도 없지, 예배 시작했는데 진동으로 하거나 끄든지 해야지'라고 생각하십니까? 우리 마음은 잘못한 사람, 부족한 사람에게 그렇게 선하지 않습니다.

## 선을 행하지 않으면 감옥에 가는 나라

구제를 좋아하는 자는 풍족하여질 것이요 남을 윤택하게 하는 자는

자기도 윤택하여지리라 잠 11:25

여러분이 풍족하게 살기를 원한다면, 말씀 그대로 구제를 좋아
해야 할 것입니다. 여러분은 구제가 좋으십니까? 이따금 구제 헌
금 한 번 하는 건 괜찮지만 계속 하는 건 어떨까요? 우리 마음은
남을 돕는 일에 대해서 그렇게 선하지 않습니다.

오직 너희는 원수를 사랑하고 선대하며 아무것도 바라지 말고 꾸어주
라 그리하면 너희 상이 클 것이요 또 지극히 높으신 이의 아들이 되리
니 눅 6:35

어떻게 원수를 사랑하고 선대할 수 있습니까? 그러면 하나님의
아들이 된다고 하였지만 원수를 사랑하라는 말만 들어도 '이건 너
무 힘들어' 하는 생각이 든다면 그것은 우리의 본성과 맞지 않기
때문입니다. 우리는 본성상 선하지 못합니다. 어려운 사람, 힘든
사람, 그들을 향한 배려의 마음이 우리에게 굉장히 적습니다.
　그렇다고 "안 되면 어쩔 수 없는 것 아니냐, 어려운 사람에게 선
하게 하고, 지극히 작은 자 하나에게 주께 하듯 하는 것은 너무 어
려운 일이야" 하고 넘길 일이 아닙니다. 왜냐하면 굉장히 심각한
문제가 걸려 있기 때문입니다. 이 세상에서는 선을 행하지 않는다
고 경찰서에 가지 않습니다. 누가 어려운 사람을 안 도왔으면 안

도운 거지, 어려운 사람을 돕지 않았다고 해서 체포되어 조사를 받거나 감옥에 가지는 않습니다.

그러나 하나님의 나라는 다릅니다. 하나님의 나라에서는 이것이 심각한 문제가 됩니다. 하나님의 나라는 어려운 사람을 돕지 않으면 심판에 처한다고 말하고 있습니다. 우리는 꼭 악한 일을 해서만 벌을 받는 것이 아닙니다. 선을 행하지 않는 것은 악한 일을 하는 것과 같은 취급을 받습니다. 다른 사람들에게 선을 베풀지 않은 사람은 영벌에 처하는 심판을 받는 것입니다.

### 지극히 작은 자에게 주께 하듯이 하는 사람

하나님께서 양과 염소를 가르실 때 그 기준이 무엇인지 아십니까? 어려운 사람에게 선을 행하지 않은 사람은 염소 편에 서서 심판을 받습니다. 그러면 염소라고 분류된 그 사람들은 어떤 사람입니까? 주님이 말씀하셨습니다.

또 왼편에 있는 자들에게 이르시되 저주를 받은 자들아 나를 떠나 마귀와 그 사자들을 위하여 예비된 영원한 불에 들어가라 내가 주릴 때에 너희가 먹을 것을 주지 아니하였고 목마를 때에 마시게 하지 아니하였고 나그네 되었을 때에 영접하지 아니하였고 헐벗었을 때에 옷 입히지 아니하였고 병들었을 때와 옥에 갇혔을 때에 돌보지 아니하였느

니라 하시니 마 25:41-43

주님의 말씀입니다. 그러니까 분명히 사실입니다.

… 이 지극히 작은 자 하나에게 하지 아니한 것이 곧 내게 하지 아니한 것이니라 하시리니 그들은 영벌에, 의인들은 영생에 들어가리라 하시니라 마 25:45,46

물론 선행이 구원의 조건이라고 말하는 것은 아닙니다. 율법주의, 공로주의는 분명히 복음이 아닙니다. 이 말씀은 예수님을 올바로 믿는 사람은 내 이웃을 예수님처럼 섬기게 되고, 자신 안에 계신 예수님의 영을 따라 선한 일을 하게 된다는 것을 의미합니다. 즉 선행을 해야만 구원을 받는 것은 아니지만, 예수님을 주님으로 영접한 사람은 자연히 선을 행하게 된다는 것입니다. 그래서 성령의 열매라고 하는 것입니다. 그러므로 만약 자신이 양선의 열매를 맺고 있지 않다면, 자신이 정말 예수님을 바로 믿고 있는지 돌아보아야 합니다.

오늘날 성도들 중에 선을 행하는 것에 대하여 무관심한 사람들이 많습니다. 존 스토트(John Stott) 목사는 "우리는 선한 일을 하여 구원을 받는 것이 아니다. 그러나 선한 일을 하지 않는데 구원받을 사람도 없다"라고 했습니다. 그러니까 선한 일을 하는 것은 굉장히 중요합니다. 우리가 이 점을 절대로 작게 생각하면 안 됩니다. 마틴 로이드 존스(Martyn Lloyd Jones) 목사님은 요한복음 3장 강해에서 '사실상 그리스도인이 아니면서도 그리스도인이라고 가정하는 것이 가장 큰 위험'이라고 말합니다. 그러니까 우리는 자신이 진정한 그리스도인인지 스스로 분별할 수 있어야 합니다. 그리스도인에게 반드시 꼭 있어야 한다고 말씀한 것들이 자신에게도 있는지 확인해 보아야 합니다. 그럼 어떤 사람이 정말 구원받은 그리스도인입니까? 주님의 말씀에 의하면 '지극히 작은 자에게 주께 하듯이 하는 사람'입니다.

예수님은 누가복음 10장 25절에서 "내가 무엇을 하여야 영생을 얻으리이까"라고 하는 율법사의 질문에 '선한 사마리아인의 비유'로 대답하셨습니다. 강도 만나 길에 쓰러져 죽어가는 사람이 있었는데, 당시 누구나 당연히 영생을 얻을 것으로 여긴 제사장과 레위인이 모두 그를 피해서 지나갔습니다. 골치 아프고 부담되는 일이라고 여긴 것이겠지요. 그런데 당시 유대인들이 순수 유대 혈통을 잃어버렸고 경건하지 않아 영생을 얻을 수 없다고 여겼던 사마리아 사람이 그를 구해주고 치료해주었다는 것입니다.

예수님은 무엇을 하여야 영생을 얻겠느냐고 물은 율법사에게 말씀하셨습니다.

가서 너도 이와 같이 하라 눅 10:37

여러분, 영생과 지극히 작은 자를 돕는 일은 연결되어 있습니다. 아무리 경건한 것 같아도 지극히 작은 자 한 사람을 주께 하듯이 섬기지 못하는 사람은 그 속에 참 영생이 있다고 할 수 없습니다. 주님은 어떻게 해야 영생을 얻겠느냐는 이 질문에 다른 것을 말씀하지 않고 삶을 말씀하셨습니다. 우리가 어떤 직업, 국적, 인종, 신분이든 상관이 없습니다. 영생을 얻은 사람은 선한 사마리아인처럼 하게 된다는 것입니다.


## 나는 죽고 예수님으로 사는 복음

우리가 악한 일을 많이 하지 않았을 수는 있습니다. 그러나 선을 행하지 않은 것이 악을 행하는 것과 같다는 것을 알아야 합니다. 악한 사람은 아니지만 선한 사람도 아니라면 성경은 그것이 같다고 말씀합니다. 이것은 심각한 일입니다. 누구에게 악하게 한 적은 없지만 지극히 작은 자에게 주께 하듯 하지 않았다면 하나님은 그것을 똑같이 보신다는 것입니다.

그러면 우리가 어떻게 선한 사람이 될 수 있습니까? 십자가 복음이 우리를 선하게 살도록 만들어줍니다. 십자가 복음이 무엇입니까?

그러므로 우리가 그의 죽으심과 합하여 세례를 받음으로 그와 함께 장사되었나니 이는 아버지의 영광으로 말미암아 그리스도를 죽은 자 가운데서 살리심과 같이 우리로 또한 새 생명 가운데서 행하게 하려 함이라 롬 6:4

우리는 예수님과 함께 이미 죽었고 예수님으로 사는 사람입니다. 이것이 우리의 본성은 선하지 않지만 우리가 선한 삶을 살 수 있는 이유입니다. 나는 죽고 예수로 사는 십자가 복음을 정말 "아멘"으로 받아들일 때, 우리의 본성이 비록 악할지라도 육신의 본성대로 살지 않고 주님의 마음으로 선한 일을 행하는 놀라운 일이 일어나는 것입니다.

유명한 성경교사인 찰스 스탠리(Charles Stanley) 목사님은 목회를 시작하면서 처음 7년 동안 열심히 목회했고 경건생활에도 힘썼습니다. 그런데 그럴수록 마음의 고통이 점점 더 커져갔습니다. 자꾸만 자신이 이중적이라고 여겨졌기 때문입니다. '아, 내 속마음은 더러운데 사람들 앞에서만 깨끗한 척하는구나. 내가 속으로는 아주 악하면서 겉으로만 좋은 목사인 것처럼 보이는구나.' 그런 생각에 자꾸 시달리게 되고 그 압박이 점점 커져서 설교가 고통이 되었습니다.

그러다가 로마서를 읽고 자아가 죽을 때 예수께서 비로소 자신 안에 사시는 것을 깨닫고, 예배당 바닥에 무릎을 꿇고 3시간을 울었다고 했습니다. 가식적이고 위선적이고 겉으로는 아닌 척하면서 속으로 말할 수 없이 더러운 자신이 이미 예수님과 함께 죽었다는 것을 깨닫고 너무 행복했기 때문입니다. 모든 무거운 짐이 다 벗겨지는 것을 깨달았습니다.

"그래, 바로 그거야. 열매 맺는 일도 예수님께서 해주시는 일이요, 이기는 것도 예수님께서 하시는 일이지. 어떻게 해보려고 발버둥치지 말고, 매 순간 주님만 더욱 의지하고, 깨닫는 대로 순종하기만 하리라."

이 부분을 읽으면서 하나님이 제게 주신 은혜와 너무 똑같아서 무척 감동이 되었습니다.

우리는 자신의 본성이 악하다는 것을 인정해야 합니다. 우리 안에 육신의 본성은 여전히 있습니다. 그러나 우리는 예수님과 함께 죽었고 예수님으로 사는 자라는 사실 또한 분명히 기억해야 합니다. 이 복음이 분명하면, "나는 죽었습니다"라고 고백하고 살 때 선한 사람이 됩니다. 우리는 본성과 전혀 다른 삶을 삽니다. 그래서 이것을 성령의 열매라고 말하는 것입니다.


**주님이 하셨습니다!**

예수님은 스스로 '선한 목자'라고 하셨습니다.

나는 선한 목자라… 요 10:11

그러므로 나는 죽고 예수로 사는 사람이 선한 사람이 되는 것입니다. 내 생명이신 예수님이 선한 목자이시니 "나는 죽었습니다" 이렇게 고백하고 사는 사람이 당연히 선한 사람이 되는 것이지요.

우리는 그가 만드신 바라 그리스도 예수 안에서 선한 일을 위하여 지으심을 받은 자니… 엡 2:10

하나님이 우리를 구원하여 거듭나게 하신 이유는 선한 일을 하게 하기 위해서입니다. 그런데 우리가 하는 선한 일은 '예수님 안에서' 하는 것입니다. 우리의 노력이나 열심으로 선한 일을 하는 게 아니라 예수 그리스도 안에서 선한 일을 한다는 것입니다. 곧 "나는 죽고 예수로 삽니다" 고백하며 항상 주님을 바라보며 살아갈 때, 우리는 우리의 본성과 전혀 다른 선한 일을 하게 됩니다. 이것을 항상 기억해야 합니다.

한번은 '주목자'(선한목자교회에서는 노숙인 또는 무료 급식을 드시러 오는 분들을 가리켜 "주님이 주목하는 분"이라는 의미로 '주목자'라고 부릅니다)이신 분이 세례를 받게 되어 간증을 하셨습니다. 추운 겨울 모란시장에서 아침 급식을 주는 것만으로도 감사한데 식사하는 동안 칼바람이라도 피하도록 사방에 비닐을 치는 교인들의 모습에 마음이 움직였다고 합니다.

'저 사람들에게 무엇이 있을까? 도대체 무엇 때문에 이렇게 할

까?'

너무 궁금해서 스스로 찾아와 복음을 듣고 구원을 받았습니다. 그러면서 "나는 지금 너무나 행복합니다"라고 고백했습니다. 얼굴 표정이 정말 그러셨습니다. 저는 그 일이 그해 1년 동안 교회에서 있었던 일들 중에 가장 감사한 일이라 생각했습니다.

우리 교회에서는 매일 주목자들을 위해 급식을 합니다. 그런데 명절이라 교회 주방이 쉬는 날에는 도리어 주목자들을 위한 잔치가 벌어집니다. 어디서 모이셨는지 자원봉사자들이 음식을 가지고 와서 별식으로 주목자들을 섬기시기 때문입니다. 어떻게 이런 일이 가능하지요? 주님이 하신 것입니다. 우리가 "나는 죽었습니다" 이렇게 고백하면 주님이 지극히 작은 자를 향한 마음을 주십니다. 저는 이 일이 앞으로 더 많아지기를 기도합니다. 더 많은 교우들이 힘들고 어려운 이들을 돕는 일에 참여하기를 기대합니다. 그것이 주님이 원하시는 일이기 때문입니다.

프레드릭 부크너 목사님은 '나의 소명은 어디에 있는가?'라는 글에서 "하나님께서 당신을 부르신 곳은 당신의 깊은 기쁨과 세상의 깊은 배고픔이 만나는 곳이다"라는 말을 했습니다. 우리는 은혜의 기쁨만 얻으려 하지 말고 세상의 깊은 배고픔도 보아야 합니다.

## 저절로 되는 특징

한 가지 명심해야 할 것이 있는데, 선함, 양선이라는 성령의 열매는 노력하는 것이 아니라 저절로 되는 것이라는 사실입니다. '저절로 맺어지는 것'이야말로 성령의 열매의 특징입니다.

> 복 있는 사람은 악인들의 꾀를 따르지 아니하며 죄인들의 길에 서지 아니하며 오만한 자들의 자리에 앉지 아니하고 오직 여호와의 율법을 즐거워하여 그의 율법을 주야로 묵상하는도다 시 1:1,2

시편 1편은 복 있는 자가 "악인들의 꾀를 따르지 아니하며 죄인들의 길에 서지 아니하며 오만한 자들의 자리에 앉지 아니하고 오직 여호와의 율법을 즐거워하여 그의 율법을 주야로 묵상하는 사람"이라고 했습니다. 이것은 신기한 사실입니다. 복 있는 사람은 별로 애를 쓰는 것 같지 않은데도 악인의 꾀를 좇지 않고 죄인의 길에 서지 않고 율법을 주야로 묵상하고 그 율법을 즐거이 행하게 된다고 합니다. 그리고 모든 일이 형통하여 많은 결실을 맺는다는 것입니다.

반면에 복 없는 사람은 죄인의 길에 서지 않고 악인의 꾀를 좇지 않으려고 애를 쓰고 결심해도 안 된다는 것입니다. 특히 시편 1편 4절에 "바람에 나는 겨와 같도다"라는 표현이 있는데, 이 말씀대로 복 없는 사람은 '은혜를 좀 받는가?', '이제 복을 좀 받는가?' 싶으면 엉뚱한 일이 터져서 다 날려버립니다. 아무리 몸부림을 쳐도 잘 되지 않습니다.

양선의 열매도 이와 같습니다. 복 있는 자가 자연스럽게 그 길에 들어서듯, 자신의 노력과 별개로 양선의 열매가 맺어집니다. 왜냐하면 성령께서 대신 그 열매를 맺어주시기 때문입니다. 이렇게 저절로 맺어졌기 때문에 정작 자신은 선을 행했는지도 모릅니다. 흔히 사람들이 선을 행하면 자신의 행적에 대해 칭찬받기를 바라거나, 마음속으로 오래 기억해두는데, 양선의 열매를 맺으면 그렇지 않습니다. 이것이 인간적인 노력으로 하는 선행과 성령의 열매인 선행의 중요한 차이입니다.


## 너는 왜 남편만 보느냐?

우리가 할 일은 주님을 바라보는 것입니다. 그런데 저절로 되어지는 이 일이 어떻게 이루어지는지 그 원리를 잘 아셔야 됩니다. 어느 집사님이 행복한 가정을 꿈꾸며 결혼했으나 4년이 지나고 나서 마음은 상처투성이가 되었습니다. 부부 싸움은 칼로 물 베기라지만, 남편에 대한 신뢰가 점점 깨어지고, 더 의심하게 되고, 부부관계가 고통스러운 것이 되어버리고 말았답니다.

그러던 어느 날 탄식하며 기도하는데 마음에 주님의 말씀이 임하였습니다.

"너는 왜 남편만 보느냐? 너와 네 남편 사이에 있는 나를 왜 보지 못하느냐?"

그 순간 집사님에게 한 줄기 빛이 비춰는 것 같았습니다. 남편과의 관계가 힘들어진 원인이 예수님을 바라보고 있지 못한 것이라고 깨닫게 해주셨기 때문입니다.

"그래, 이제부터는 남편을 보되 예수님을 바라보는 거야!"

그때부터 집사님은 항상 예수님이 함께 계신 것을 바라보는 원칙을 가지고 남편을 대했습니다. 남편을 바라볼 때 항상 예수님도 같이 보는 것입니다. 그러다보니 자신의 말이 달라지고 남편에 대한 행동도 달라졌습니다. 남편은 변함없이 똑같아도 예수님이 같이 보신다고 생각하니까 예전처럼 하지 않게 되었습니다.

아내가 예수님을 바라보면서 말이 달라지고 행동이 달라졌음을 알지 못하는 남편의 입장에서는 어느 날 갑자기 아내가 변한 것입니다. 그것이 너무나 놀랍고 또 아내에게 너무나 고마운 거예요. 그때부터 남편의 자존감이 세워지고, 대화가 가능해지고, 남편과 주님과의 관계가 바로 되고, 남편에 대해 감사함을 느꼈다고 했습니다. 가정의 행복은 우리의 노력으로 이루어지는 것이 아니라 주님이 이루어주시는 것입니다.

하나님은 아내에게 굉장히 부담스러운 명령을 주셨습니다. 아내들에게 남편에게 순종하라고 하신 것입니다. 하지만 남편에게 순종할 수 없을 때는 어떻게 합니까? 때때로 남편이 어린아이 같을 때가 많습니다. 아이를 하나 더 키우는 것만 같습니다. 그러면 어떻게 아이 같은 남편에게 순종합니까? 그러니 아내가 명심해야 합니다. 남편에게 순종하는 것은 예수님께 순종하는 아내에게만 가능하다는 것입니다. 남편에게 순종할 수 없지만 그 남편에게 순종하라고 하시는 주님께 순종하는 것임을 알면 얼마든지 순종할 수 있습니다. 주님이 하라고 하시는 대로 순종하면 남편이 바뀌는 것입니다.

주님은 남편들에게 아내를 사랑하라고 하셨습니다. 하지만 전혀 사랑스럽지도 않고 도저히 사랑할 수 없을 때는 어떻게 합니까? 그때 주님께서 아내를 어떻게 사랑하실지 생각해보면 됩니다. 예수님께서는 남편의 눈에 사랑스럽지 않아 보이는 아내를 어떻게 대하실까요? 예수님의 눈에는 사랑스럽지 않은 사람이 없습니다. 그 사람을 위해 대신 십자가에 죽으신 분이십니다. '예수님은 내 아내를 정말 사랑하시는구나.' 조금도 고민할 문제가 아닙니다. 너무 당연한 이야기입니다.

남편들은 주님이 하시는 대로 아내에게 하면 됩니다. 예수님을 바라보는 남편은 어떤 아내도 사랑하게 됩니다. 예수님이 아내를 사랑하시기 때문입니다. 우리가 이처럼 항상 주님을 바라보며 부모님을 보고 주님을 바라보며 자녀를 대하면 그들을 선하게 대하게 됩니다.

지극히 작은 자를 대할 때도 주님을 바라보면 주께 하듯 할 수 있는 것입니다. 지극히 작은 자, 정말 보잘것없고, 무시하게 되고, 가까이 하기 싫은 사람들이라도 예수님을 함께 바라보면 그 사람의 존재 의미가 달라집니다. 그를 너무나 사랑하시는지 주님을 바라보기 때문에 지극히 작은 자에게 주께 하듯이 하게 되는 것입니다. 주님이 그를 사랑하시고, 주님이 그를 돕기 원하시고, 주님이 그와 함께하시는 것을 알기 때문에 그를 선대하는 것입니다. 그러므로 우리는 항상 주님을 바라보는 눈을 뜨고 있어야 합니다.

## 양선의 열매가 맺히는 사람

우리가 과연 선한 사람이 될 수 있을까요? 육신을 가지고 있는 한 아직은 완전히 선할 수 없습니다. 그러면 어떻게 선할 수 있을까요? "나는 죽었습니다" 고백하며 나는 죽고 예수로 사는 십자가 복음을 붙들어야 합니다. 타락한 본성을 가진 우리 안에 거룩한 성령께서 임하심으로 우리가 더 이상 악한 본성으로 살지 않고 주님을 따라 살게 됨으로 선한 일을 할 수 있게 되는 것입니다.

우리가 온전히 변화될 날은 주님의 재림과 함께 우리의 몸도 부활하게 되는 때입니다. 우리의 육체까지도 거룩하게 변화되는 그날 진정한 구원이 완성되는 것입니다.

그뿐 아니라 또한 우리 곧 성령의 처음 익은 열매를 받은 우리까지도

속으로 탄식하여 양자 될 것 곧 우리 몸의 속량을 기다리느니라

롬 8:23

그동안 우리는 우리 안에 오신 예수 그리스도를 바라보며 육신의 종노릇하지 않고 우리 몸을 쳐서 예수님께 복종하며 살아야 합니다. 비록 예수님의 재림 때까지는 불완전하겠지만 주 안에서 나의 육신을 쳐서 복종시키면 이 땅에서도 양선의 열매를 맺을 수 있습니다.

오래전에 이름을 밝히지 않은 사람이 고아원에 찾아와 이렇게 물었습니다. "어느 누구도 원하지 않을 아이가 있습니까?" 그 물음에 원장은 망설이지 않고 대답했습니다. "네, 있어요. 열 살짜리 여자아이인데 매우 흉한 꼽추예요. 이름은 머시 굿페이스(Mercy Goodfaith, 훌륭한 믿음의 은혜라는 뜻)이지요." "바로 그런 아이를 찾고 있었습니다." 그 사람은 이렇게 대답하고 나서 그 아이를 데리고 떠났습니다.

35년이 흐르고, 아이오와 주 고아원 감사실의 실장은 한 고아원에 대해 다음과 같은 보고서를 작성했습니다.

"이 가정은 매우 특별한 곳인데 깨끗하고 음식도 훌륭하며 특히 그곳 원장은 사랑이 넘쳐흐르는 영혼을 가진 사람이다. 이곳에 수용된 어린이들은 모두 극진한 보살핌을 받고 있으며, 원장으로부터 받은 사랑의 영향을 보여주고 있다. 그들이 저녁 식사 후 피아

노 앞에 모여 섰을 때, 나는 다른 곳에서는 느낄 수 없었던 분위기를 느꼈다. 나는 그 원장의 눈처럼 아름다운 눈을 본 적이 없다. 사람들은 내가 그 원장의 외모가 보기 흉한 꼽추라는 사실을 잊고 있다는 것에 놀라워했다. 그 원장의 이름은 머시 굿페이스이다."

이름도 알 수 없는 한 사람이 추하고 보기 흉한 고아를 보살펴 줄 용기를 내었기에 머시 굿페이스는 사랑의 방법을 배우고 또 그 사랑을 백 배로 증식시킬 수 있었던 것입니다. 이처럼 예수님으로부터 받은 무한한 사랑과 나눔을 풍성히 누리는 사람은 그 사랑을 그대로 이웃에게 전하게 됩니다. 양선의 열매가 이렇게 맺어지는 것입니다.


## 주님이 보시는 눈으로 보라

예수님을 바라보는 사람은 모든 사람을 선하게 대합니다.

> 삼가 누가 누구에게든지 악으로 악을 갚지 말게 하고 서로 대하든지 모든 사람을 대하든지 항상 선을 따르라 살전 5:15

"모든 사람을 대하든지 항상 선을 따르라." 이것이 중요한 기도 제목이 되어야 합니다. 용납이 안 되는 사람, 무시하게 되는 사람, 뭘 잘못하는 사람, 너무 부담되는 사람, 귀찮은 사람…. 그 사람들에게도 우리가 선하게 해야 합니다.

예수님은 우리에게 성경책만 달랑 던져주고 "너는 모든 사람에게 선하게 하라" 이렇게 말씀만 하신 것이 아닙니다. 예수님은 우리가 그렇게 할 수 있도록 우리 안에 오셨습니다. 이것이 예수님을 영접한 사람의 자의식입니다. 우리가 이 사실을 명심하고 24시간 주님을 바라볼 때, 사람들에게 주께 하듯 하게 되는 것입니다.

우리가 선한 일을 하면 이 선한 일은 반드시 열매를 맺습니다. 악한 일은 쉽게 전염되는 것을 보았을 것입니다. 아이들을 학교에 보내면 금방 욕을 배워 옵니다. 너무 당황스럽습니다. 그러나 더디게 열매 맺는 것 같아도 선한 일 역시 반드시 다른 사람에게 영향을 끼친다는 것을 명심해야 합니다.

최근 극적으로 탈주한 북한 병사를 수술하여 유명해진 이국종 교수의 이야기를 읽었습니다. 그의 아버지는 6. 25 전쟁에서 눈과 팔다리에 부상을 입은 장애2급 국가 유공자였습니다. 그러나 그것은 아들에게 반갑지 않은 낙인이었습니다. 어릴 때 '병신의 아들'이라고 놀림을 받았기 때문입니다.

너무 가난했던 아버지는 술을 마시고 술주정처럼 아들에게 미안한 마음을 표현하곤 했습니다. 중학교 때 축농증을 심하게 앓고 병원을 찾아갔는데 국가유공자 의료복지카드를 내밀자 간호사들의 반응이 싸늘했습니다. 다른 병원에 가보라는 말을 듣고 몇몇 병원을 전전했지만 문전박대를 당했습니다. 당시 우리 사회가

장애인과 그 가족들에게 너무 비정한 곳이었습니다.

그렇게 병원을 찾아 헤매던 중 그는 자신의 삶을 바꾸어줄 의사 한 분을 만나게 되었습니다. 그는 어린 이국종이 내민 의료복지카드를 보고 이렇게 말했습니다.

"아버지가 자랑스럽겠구나!"

그는 진료비도 받지 않고 정성껏 치료하고 나서 마음을 담아 이렇게 격려해주었습니다.

"열심히 공부해서 꼭 훌륭한 사람이 되거라."

그의 한마디가 어린 이국종의 삶을 결정했습니다. '의사가 되어 가난한 사람들을 돕자. 아픈 사람을 위해 봉사하며 살자.' 그가 늘 주장하는 삶의 원칙도 그때 탄생했습니다. "환자는 돈 낸 만큼이 아니라 아픈 만큼 치료받아야 한다." 그래서 지금도 중증 환자들을 위해 불철주야 뛰어다니는 헌신적인 의사가 된 분으로 유명합니다. 선한 말 한마디가 그의 인생을 살렸고 그로 인해 그가 훌륭한 의사가 된 것입니다.

예수님께서 우리 안에 오셔서 우리 주변에 있는 사람들에게, 지극히 작은 자에게 선하게 하게 하시는 것은, 결국 그로 인해 우리가 살기 때문입니다. 우리 사회에서 선한 일의 열매들이 맺어지기 시작하면 결국 우리가 사는 것입니다. 세상이 악해질수록 우리 자녀들이 살아갈 세상은 더 끔찍한 세상이 됩니다. 예수 믿는 우리부터 주님이 보시는 눈으로 사람들을 보고 작은 자, 어려운 자를 섬기는 일에 힘써야 합니다.

그러나 이것을 절대로 율법주의로 받으시면 안 됩니다. 선한 일을 많이 해야 한다거나 선한 사람이 되리라 결심해서 되는 것이 아니기 때문입니다. 오직 주님을 바라보기에 힘써야 합니다. 어떤 사람을 만나도 항상 주님을 같이 보아야 합니다. 그러면 주님이 우리가 선한 일을 하게 해주십니다.


## 능히 고치시는 주님

어느 선교단체의 간사님이 자기 안에 열등감이 너무 심하고 그래서 다른 사람에게 인정받고자 병적으로 집착하는 마음이 있다는 것을 깨달았습니다. 그래서 자신의 문제를 고백하고 그 문제로부터 놓임을 받고 싶다고 기도 부탁을 했습니다. 하지만 그에게는 하나님께서 그런 자신을 완전히 고쳐주실 것이라는 믿음이 없었습니다. 그냥 그런 자신의 모습이 변화되면 좋겠다는 소원만 가지고 있었던 것입니다.

그런데 어느 날 누가복음 17장 11-21절을 묵상하는데, 열 명의 나병 환자에게는 절망스런 상황에서도 예수님께 가면 고침을 받을 것이라는 믿음이 있었음을 깨달았습니다. 간사님이 그 말씀을 묵상하다가 성령의 깨우침을 받았습니다. 자신에게 없는 것이 바로 주님을 향한 믿음이었다는 것을 말입니다. 그때 비로소 자기 문제의 원인을 알았습니다.

'아, 내가 정말 주님을 믿어야 하는 거구나. 주님은 내 연약함, 내 속에 있는 병적인 문제, 열등감을 능히 고치실 수 있다! 나병 환자와 열등감에 사로잡힌 나를 비교하면 누가 더 심각한 상태인가? 그런데 그들도 믿었는데 왜 나는 믿지 못했지?'

그는 주님이 열등감과 사람에게 인정받기 위해 연연하는 자신의 성격을 완전히 해결해주실 것을 믿고 주님을 바라보기 시작했습니다. 그리고 완전히 새로운 사람, 밝고 기쁨이 충만한 사람이 되었습니다.

여러분, 우리의 본성은 굉장히 악하고 우리에게 선한 것이 없지만 예수님은 능히 우리를 고치십니다. 선하게 만드십니다. 우리는 오직 나는 죽고 예수로 사는 복음을 붙잡고 주님과 동행하면서 주님이 하시는 일에 참여하면 되는 것입니다. 그러면 자연스럽게 힘들고 어려운 사람들에게 선한 일을 하게 되는 것입니다.

## Prayer Points

1. 마음을 바꿔주시는 주님의 역사를 믿습니다. 제 마음을 고침받기 원하오니 주님이 주시는 마음으로 살게 하옵소서.

2. 약한 자들을 볼 때 그들을 사랑하시는 주님을 함께 보게 하시고 지극

히 작은 자에게 주게 하듯 그들을 섬기게 하소서.

3. 모든 사람에게 선을 행하게 하소서. 그들을 사랑하시는 주님을 바라보며 모든 사람을 사랑하는 선한 자가 되게 하소서.

# 변하지 않는
## 믿음의 비밀

<sup>1</sup> 사람이 마땅히 우리를 그리스도의 일꾼이요 하나님의

비밀을 맡은 자로 여길지어다 <sup>2</sup> 그리고 맡은 자들에게

구할 것은 충성이니라

고린도전서 4:1,2

초등학교 3학년 여자아이가 저에게 그림 편지를 보내주었는데, 저와 제 아내를 그리고 이렇게 썼습니다. "처음에 저는 유기성 목사님과 박리부가 사모님이 이 교회의 왕인 줄 알았습니다. 그런데 지금 보니 예수님께서 우리 교회의 왕이심을 알게 되었습니다." 초등학교 3학년의 눈에 그렇게 보였다니 참으로 감사한 일이 아닐 수 없습니다. 우리는 왕이 되어서는 안 됩니다. 우리가 왕이 되는 것은 하나님 앞에 가장 큰 죄입니다. 우리는 왕이신 주님께 충성할 뿐입니다.

어떤 사람이 진짜 예수 믿는 사람인지는 삶이 변화된 증거까지 보아야 정확히 알 수 있습니다. 그것이 성령의 열매입니다. 아홉 가지 변화된 성품이죠. 그러니 성령의 열매가 얼마나 중요한지 모릅니다. 변화된 삶의 열매 중에 '충성'의 열매는 우리가 진짜 그리스도인인지 아닌지를 말해주기 때문에 대단히 중요합니다. 그냥 지식으로만 알고 넘길 것이 아니라 내게 실제로 충성이라는 열매가 맺어지고 있는지 꼭 점검해보시기 바랍니다.

## 끝까지 가라

> 사람이 마땅히 우리를 그리스도의 일꾼이요 하나님의 비밀을 맡은 자로 여길지어다 그리고 맡은 자들에게 구할 것은 충성이니라
>
> 고전 4:1,2

여기서 충성이라고 번역한 단어는 "중간에 무너지지 않고 끝까지 믿는다"라는 뜻입니다. 충성은 우리가 자주 쓰는 표현이기는 하지만 성경에서 말하는 것은 "끝까지 변하지 않고 믿음을 지킨다"라는 의미입니다. 실제로 기독교 신앙은 역사적으로 로마 황제의 권력, 유대교의 힘, 헬라 철학, 공산주의 등 수없이 사라질 위기에 처해왔습니다. 그러나 복음은 더 퍼져갔습니다. 개인의 믿음 역시 마찬가지입니다. 이처럼 도중에 무너지지 않고 끝까지 갈 수 있어야 합니다. 그것이 충성입니다.

충성이란 열매가 얼마나 중요한지 알려면 충성의 열매의 반대가 무엇인지 알 필요가 있습니다. 충성의 반대말은 게으름이 아닙니다. 배신입니다. 충성스러운 사람의 반대말은 배신자입니다. '중

간에 믿음을 잃어버린 사람'이 배신자입니다. 정신이 번쩍 나는 말입니다. 우리에게 있어서 가족이나, 친구, 교인들 사이에 "배신자가 생겼다", "배신당했다", "믿었는데…", "믿는 도끼에 발등 찍혔다" 이런 말처럼 끔찍하고 싫은 말이 없을 것입니다.

따라서 충성은 있어도 되고 없어도 되는 것이 아닙니다. 어떤 일을 맡았으면 중간에 그만두는 일을 정말 조심해야 합니다. 한번 약속을 했으면 손해를 보더라도 끝까지 약속을 지켜야 합니다. 그런 사람이 충성이 있는 사람이기 때문입니다. 충성이라는 열매는 우리가 맺어야 할 성령의 열매 중에 대단히 중요한 의미가 있습니다. 우리가 한 번 예수를 믿었으면 끝까지 믿어야 합니다. 이처럼 끝까지 믿는 것이 충성의 열매입니다.

세상에도 충성이 있습니다. 직장에서 회사와 사장에게, 해고의 두려움 때문에 또는 승진에 대한 기대로 충성할 수 있습니다. 그런데 세상에서의 충성은 조건적입니다. 좋을 때, 내게 이익이 될 때, 그럴 때는 충성합니다. 하지만 그 직장에서 퇴직하면 사장이나 회사에 더 이상 충성할 이유가 없습니다. 이에 반해 성령의 열매인 충성은 환경과 여건에 따라 변하는 것이 아닙니다. 시련과 위기를 만날 때 어려움을 당할수록 오히려 더 강해집니다. 그것이 성령의 열매인 충성의 특징입니다.

어떤 사람이 진짜 충성스러운 사람인지는 좋을 때는 오히려 잘 모릅니다. 어려움을 당하고 시험과 유혹을 당할 때 이 사람의 믿음이 끝까지 가는 믿음인지 아닌지 알 수 있습니다. 그러니까 성령의 열매인 충성은 어려운 고비를 통과하면서 나타나는 열매입니다. 혹시 여러분 중에 어려운 때를 보내고 계신 분들이 있다면 지금 충성의 열매를 맺고 있는 시기라 해도 과언이 아닙니다.

## 충성된 사람들에게 부탁하라

사도 바울은 디모데에게 편지할 때, 사명은 반드시 충성스러운 사람에게 맡겨야 한다고 했습니다.

> 또 네가 많은 증인 앞에서 내게 들은 바를 충성된 사람들에게 부탁하라 그들이 또 다른 사람들을 가르칠 수 있으리라 딤후 2:2

그동안 교회에서 일을 맡길 때 충성스러운 사람을 구별해서 일을 맡기기보다 능력 있는 사람에게 일을 맡기는 경우가 많았습니다. 지금도 일을 맡길 때 그 일을 감당할 수 있는 능력이 있는지를 더 많이 봅니다. 그러나 성경의 기준은 일을 맡길 때 그가 충성스러운지, 곧 변함없는 믿음의 사람인지를 보아야 한다고 합니다.

제가 한번은 새로 부목사님을 모셔야 할 상황이 되어서 "일 잘하고, 설교도 잘하고, 신실하고, 인물도 좋은 분"을 기대하며 부교역자를 위해 기도했는데, 하나님이 저의 그 기도를 섭섭해 하시는 것 같았습니다. '너마저 그렇게 기도하면 어떻게 하니?' 하시는 것 같은 마음이 들었습니다. 순간 하나님의 생각과 제 생각이 많이 다르다니 가슴이 철렁했습니다. 모두 다 신실하고 설교 잘하는 사람만 찾으면 어떻게 되겠느냐고 하시는 것 같았습니다.

그러면서 제 자신을 돌아보고 사람을 택하시는 하나님의 기준이 무엇인지, 어떻게 기도해야 하는지 구할 때 하나님이 깨우쳐주신 것이 있습니다. 주님은 설교 잘하는 것도 아니고, 성품 좋은 사람도 아니고, 인간관계 좋은 사람도 아니고 오직 '나는 죽고 예수로 사는 사람', '예수님 한 분이면 충분한 사람'을 택하기 원하셨습니다. 그 외 다른 기준을 보시지 않는다는 것이었어요. 그때부터 저도 사람을 택하는 기도의 기준을 명확하게 했습니다. "하나님, 혹 여러 가지로 부족한 것이 있어도 좋으니 정말 '나는 죽고 예수로 사는 사람', '예수님 한 분이면 충분한 사람'을 보내주세요." 바로 이 사람이 충성스러운 사람입니다.

담임목사 문제로 논란이 있던 교회에서 교인들이 새로 오신 담임목사를 칭찬했습니다. 설교를 참 잘하시고 게다가 목회도 잘하신다는 것입니다. 설교를 잘하고 목회도 잘하는 목사는 물론 대단히 좋은 일이지만 그렇다고 그가 반드시 충성스러운 사람이라는 증거는 아닙니다. 시련과 위기와 유혹을 겪어봐야 알 수 있습니다. 예배드릴 때 찬양의 은사가 있는 분들이 찬양을 인도하거나 특송을 부르고 찬양대에 서주면 정말 좋습니다. 가르치는 은사가 있고 행정의 은사가 있고 말을 조리 있게 잘하고 리더십이 있는 성도는 교회에 큰 유익을 줍니다. 교회 일을 하다보면 이런 식으로 능력과 은사가 있는 사람을 더 찾게 마련인데, 그렇다고 그것이 충성이라는 뜻은 아닙니다.

우리는 사람을 볼 때 그 사람이 어려움을 어떻게 겪는지, 유혹을 어떻게 이기는지, 시련을 어떻게 극복하는지 그 점을 잘 봐야 합니다. 그렇지 않으면 사람을 택하는 데 실패하게 됩니다. 사람은 시련이 닥치고 시험을 당할 때 얼마든지 믿음을 배신할 수 있습니다. 안타깝지만 우리가 많이 겪는 일입니다.


## 변하지 않는 믿음

한국 교회, 특히 감리교회의 선배 목사님 중에 신석구 목사님이라는 참 귀한 분이 계십니다. 신석구 목사는 3.1운동 민족 대표였을 뿐 아니라, 신사참배 거부로 수시로 감옥살이를 하다가 감옥에서 해방을 맞았습니다. 해방 이후에는 공산당 정권에 맞서 투쟁하다가 평양 인민교화소에서 1950년 10월에 순교하신 분입니다.

또한 3.1운동 민족 대표 중에 정춘수 목사라는 분이 있었는데 그는 신석구 목사와 나이, 고향이 같습니다. 먼저 전도사가 된 정춘수는 고향 친구 신석구에게 복음을 전해주었습니다. 신석구가 주의 종의 길을 가도록 도와주고 늘 앞서서 이끌어주던 사람입니다. 정춘수 목사는 당시 목회자 중 언제나 선두에 있었습니다. 신석구 목사가 3.1운동 민족 대표가 된 것도 정춘수 목사의 역할이 컸습니다.

그런데 이 정춘수 목사가 한번 감옥에 들어가 고초를 당한 뒤 노골적으로 친일 노선을 걷게 되고, 일제 말기 가장 대표적인 친일파 종교인이 되었습니다. 특히 1940년 감리교 감독이 된 후에 한국 교회를 일본 교회에 예속시키는 일을 하였습니다. 1943년 소위 '혁신 교단'이라는 친일 교단을 조직하여 일제의 종교정책에 적극 순응하는 비굴한 종교 지도자의 길을 걷게 됩니다. 군용비행기 기금 마련을 위해 전국 34개 감리교회를 폐쇄하기도 하였고, 설교는 일본말로 하라는 지시를 따르지 않는 목사들을 파면, 혹은 휴직 처분하기도 하였습니다.

신석구 목사는 누구보다 이 고향 친구의 변절을 가슴 아파했습니다. 가족들에게 한 번도 사주지 못한 쇠고기를 두 근이나 사가지고 정춘수 목사의 집으로 찾아가 제발 감리교를 망치는 친일 행각을 돌이키라고 간곡히 권유했으나 거절당하기도 하였습니다. 명예욕에 혈안이 된 정춘수 목사는 서울을 중심으로 각종 종교 사회단체의 자리라는 자리는 도맡아 활동했고 마침내 감리교회 제4대 감독의 자리에까지 올랐습니다. 그렇지만 해방 이후 친일파로 교회 안팎에서 비난을 받았고 마침내 반민특위(반민족행위특별조사위원회)에 체포되어 조사를 받게 되었습니다. 그러나 구금되어 있는 동안 감리교에서 천주교로 개종하였고 쓸쓸히 말년을 보내다가 1951년 고향에서 피난 중에 비참한 생을 마감하였습니다.

참으로 마음 아픈 믿음의 선배들도 있습니다. 그래서 끝까지 가 봐야 아는 것입니다. 처음에는 많은 사람을 주께로 돌아오게 하고 목사의 길도 가게 했던 참 유능했던 분입니다. 그런데 시련을 겪어 보고 유혹이 오면 이렇게 달라지는 사람이 많습니다. 그래서 사도 바울이 맡은 자에게 구할 것은 충성이라고 한 것입니다. 하나님이 여러분에게 기대하시는 것은 일을 잘하는 것도 있지만 끝까지 변하지 않는 믿음을 갖는 일입니다.

교회에서 어떤 일을 맡아 주의 일을 감당할 때 중요한 것은 중간에 그만두지 않는 것입니다. 힘들고 위기가 와도 하나님께 약속한 것을 끝까지 지키는 자세를 가져야 합니다. 피치 못할 사정이 없을 수는 없겠지만 제 경험에 비추어보면 중간에 그만둔 이들이 잘 되는 경우가 거의 없었습니다. 힘들어도 내게 주어진 일은 끝까지 하는 자세, 이것이 바로 충성이라는 열매입니다.

## 그리스도의 일꾼

그러면 충성스러운 사람은 과연 누구입니까? 사람을 어떻게 믿을 수 있습니까? 세상에 끝까지 믿을 수 있는 사람이 누가 있습니까? 그래서 사도 바울이 "맡은 자들에게 구할 것은 충성"(고전 4:2)이라고 하기 전에 먼저 이렇게 말씀한 것입니다.

사람이 마땅히 우리를 그리스도의 일꾼이요 하나님의 비밀을 맡은 자로 여길지어다 그리고 맡은 자들에게 구할 것은 충성이니라 고전 4:1,2

그러니까 충성스러운 사람은 '그리스도의 일꾼'으로 인정받은 사람이며 '하나님의 비밀을 맡은 사람'이라고 인정받은 사람이어야 한다는 것입니다. 먼저 그리스도의 일꾼으로 인정받은 사람이라고 할 때 '일꾼'이라는 단어는, 혹시 〈벤허〉라는 영화를 보셨다면 알 텐데, 배 밑바닥에서 노를 젓는 노예라는 뜻입니다. 그들은 지휘관의 북소리에 맞춰서 노만 젓습니다. 어디로 가는지, 얼마만큼 왔는지 전혀 모릅니다. 그런데 바로 여기에 그 단어를 쓰고 있습니다.

결국 그리스도의 일꾼으로 인정을 받으라는 말은 철저히 예수님께서 시키는 대로 하는 사람, 예수님의 명령이면 무슨 일이든지 감당하는 사람이 되라는 것입니다. 그래서 가족, 친구, 직장 동료, 교인들로부터 자신이 예수님의 일꾼임을 인정받으라는 것입니다.

그리스도께서 이방인들을 순종하게 하기 위하여 나를 통하여 역사하신 것 외에는 내가 감히 말하지 아니하노라 그 일은 말과 행위로 표적과 기사의 능력으로 성령의 능력으로 이루어졌으며 그리하여 내가 예루살렘으로부터 두루 행하여 일루리곤까지 그리스도의 복음을 편만하

게 전하였노라 **롬** 15:18,19

사도 바울은 그가 복음을 전하고, 병자를 위해 기도해주고, 교회를 세우는 이 모든 일을 "그리스도께서 나를 통하여 역사하신 것"이라고 표현했습니다. 그래서 누구든지 사도 바울을 보면 그가 그리스도의 일꾼이라는 것을 압니다. 그가 무슨 말을 하면 예수님이 하라고 해서 하는 것이고, 그가 무슨 일을 하면 예수님이 하라고 해서 하는 것입니다. 사역은 사도 바울이 했지만 그것은 실제로 예수 그리스도로 인하여 되어진 일들입니다.

그는 예수님과 완전히 하나가 된 사람입니다. 포도나무와 가지처럼 예수님과 한 몸이 된 사람, 나는 죽고 예수로 사는 사람이 '충성스러운 사람', '끝까지 변하지 않는 사람'이 된다는 것입니다. 예수님이 변하지 않는 분이시니까 예수님의 일꾼, 그리스도의 일꾼도 변함이 없습니다. 이런 사람이어야 믿을 수 있습니다.

도대체 우리가 사람을 어떻게 믿습니까? 그 사람을 믿는 것이 아니라 그 사람과 함께하시는 예수님을 믿는 것입니다. 남편을 어떻게 믿습니까? 남편만 보면 못 믿지만 남편과 함께하시는 주님을 믿으니까 남편을 믿는 것입니다. 도대체 가능성이 없어 보이는 아이를 어떻게 믿습니까? 아이와 함께하시는 주님을 믿으니까 믿는 것입니다. 가정생활, 교회생활이 다 마찬가지입니다. 그가 주님과 연합한 자라면 믿을 수 있습니다. 그래서 나는 죽고 예수로 사는 이 고백이 중요합니다. 그것이 바로 그 사람이 어떤 일을 만나도 믿음을 잃어버리지 않으리라는 증거이기 때문입니다.


## 충성의 척도

> 이에 예수께서 제자들에게 이르시되 누구든지 나를 따라오려거든 자기를 부인하고 자기 십자가를 지고 나를 따를 것이니라 마 16:24

주님과의 관계가 곧 그의 충성입니다. 자기 십자가를 지는 자가 끝까지 주님을 따르는 자입니다. 이것은 거꾸로 말해도 진리입니다. 자기 십자가를 지려면 끝까지 주님만 따르면 되는 것입니다. 베드로는 예수님과 함께 죽을 수도 있다고 호언장담한 수제자입니다. 그런데 성경에는 베드로가 예수님을 세 번 부인하고 난 뒤 예수님을 멀찍이 따라갔다고 나옵니다. 예수님과의 관계에 문제가 생기니까 끝까지 충성하지 못하게 된 것이죠. 돌에 맞아 죽어가는 그 순간에도 스데반은 눈을 들어 하나님 우편에 서신 예수님을 바라보았고 그렇기 때문에 끝까지 주님을 배신하지 않았습니다.

충성스러움의 핵심은 그 사람의 성품도 아니고 그 사람의 의지도 아닙니다. 오직 예수님과의 관계입니다. 결국 예수님과의 관계가 그 사람이 믿을 수 있는 사람인지 아닌지를 말해줍니다. 예수님과 함께 동행하는 사람, 전적으로 예수님으로 사는 사람은 시험이 오고 유혹이 와도, 심지어 순교할 상황에서도 흔들리지 않습니다.

그러나 순교할 때만 주님을 바라보려 해서는 안 됩니다. 짜증날 때 주님을 바라보지 못하는 사람은 순교할 때도 주님을 바라보지 못합니다. 짜증나고 염려되고 실망하고 낙심되고 두려울 때 주님을 바라보는 사람이 순교할 때도 주님을 바라볼 수 있을 것입니다. 너무 실망스러울 때, 너무 억울할 때, 너무 속상할 때, 모든 순간에 우리는 주님을 바라보아야 합니다. 그래서 그 고비를 이겨내는 사람이 순교하는 순간에도 주님을 바라보게 됩니다. 그것이 순교 신앙입니다.

설령 순교하지 않더라도 나는 죽고 예수로 사는 사람은 이미 순교 신앙을 가진 것입니다. 순교 신앙은 예수님을 바라보되 죽도록 예수님만 바라보는 신앙입니다. 항상 주님을 바라보고 내 감정, 내 생각대로 하지 않고, 주님이 원하시는 대로 말하고 주님이 원하시는 대로 생각하는 사람이 바로 순교 신앙을 가진 사람입니다.

… 네가 죽도록 충성하라 그리하면 내가 생명의 관을 네게 주리라

계 2:10

죽도록 충성한다는 것이 바로 죽도록 예수님을 바라보는 것입니다. 죽어라고 주님만 붙잡고 사는 것입니다. 계속 주님만 주목

하는 것입니다. 어떤 일을 만나든지, 무슨 상황이 오든지, 항상 주님을 의식하는 것입니다. 그 사람이 충성스러운 사람입니다. 그래서 주님과 동행하는 일기까지 써보라고 하는 것입니다.


## 내 마음의 왕이 누구신가?

가룟 유다는 열두 제자에 들어가는 영광을 얻었던 사람입니다. 그러나 그는 예수님을 은 삼십에 팔았고 스스로 목숨을 끊었습니다. 요한복음 13장 2절에 보면 마귀가 그의 마음에 예수를 팔 생각을 넣어주었다고 했습니다. 예수님의 제자로서 '선생님을 돈 받고 팔아버릴까?' 이 정도로 잘못된 생각이라면 갈등하거나 고민할 것도 없이 당장 그 생각을 떨쳐내야 마땅합니다. 그런데 가룟 유다는 이 말도 안 되는 생각을 품어버렸습니다. 마귀에게 자신의 마음을 줘버린 것입니다.

여전히 예수님이 마음의 왕이 아니라면 정말 두려운 일이 아닐 수 없습니다. 마음의 왕이 예수님이 아닌 사람은 반드시 가룟 유다와 같이 되기 때문입니다. 마귀가 우리 마음속에 얼마나 교묘하게 별의별 생각을 집어넣는지 모릅니다. 솔직히 우리가 다른 사람들이 알면 기절초풍할 만한 생각을 얼마나 많이 하고 삽니까? 그런데도 우리는 그것이 마귀가 주는 생각인지도 모릅니다. '예수님이 내 마음의 왕이시다. 내 마음에는 왕이 계셔. 예수님이 원하지 않는 생각은 받아들일 수 없어.' 이 원칙이 분명해야 마음을 빼앗기지 않고 끝까지 흔들리지 않습니다.

오늘날 많은 목회자나 성도들이 돈, 이성 문제 등 비윤리적인 문제로 넘어지는 것을 봅니다. 그런데 특별히 그런 유의 사람이 따로 있어서 그런 것이 아닙니다. 저도 여러분도 그럴 가능성을 다 가지고 있습니다. 가룟 유다는 예수님의 열두 제자 중에 한 사람이었음에도 실족했습니다. 그렇기 때문에 저는 예수님이 진정 제 마음의 왕이 되시기를 그토록 원하는 것입니다. 예수님이 내 마음의 왕이 아닌 사람은 마귀의 유혹 앞에서 마음을 지킬 수 없습니다.

우리가 무슨 수로 우리 마음을 지킬 수 있습니까? 작은 문제에 잠깐 마음이 흔들렸다가도 '예수님이 내 마음의 왕이시다', '주님이 기뻐하지 않는 생각이야', '주님이 허락하시지 않아' 그러면 딱 정리가 됩니다. 매일 일기를 쓰는 유익은 시험이 와도 딱 하루라는 것입니다. 일기를 쓰다보면 '아, 내가 오늘 참 잘못 살았구나. 오늘 위험하게 하루를 보냈구나.' 그렇게 정리가 됩니다. 매일매일 그렇게 사니까 주님께서 우리를 지켜주실 수 있는 것입니다.

마음을 지키지 못하면 수도원에 들어간들 무슨 소용이 있겠습니까? 아무도 없는 광야에서도 마귀는 우리를 시험합니다. 우리의 마음이 바로 마귀가 시험하는 곳이기 때문입니다. 예수님을 정말 마음에 왕으로 모시고 사는 사람이 그리스도의 일꾼으로 인정받는 사람입니다. 충성의 열매는 우리가 노력해서 맺는 것이 아니라 예수님을 왕으로 모시니까 예수님이 우리를 충성스러운 사람으로 만들어주시는 것입니다.


## 하나님의 비밀을 맡은 자

충성스러운 사람은 또한 하나님의 비밀을 맡은 자로 인정받아야 합니다.

> 사람이 마땅히 우리를 그리스도의 일꾼이요 하나님의 비밀을 맡은 자로 여길지어다 고전 4:1

'비밀을 맡은 자'란 집안의 모든 일을 다 맡아서 처리하는 사람이라는 뜻으로 '집사'입니다. 이렇게 하나님의 집에도 집사가 있는데 그가 바로 하나님의 비밀을 맡은 자입니다. 하나님과 가장 가까이 있으면서 하나님의 집의 모든 일을 맡아 섬기는 것입니다. 곧 하나님 나라의 비밀을 가진 자입니다. 하나님께서 하시는 일을 알고 행하는 사람이라는 말입니다.

그런데 하나님의 나라는 비밀일 수가 없습니다. 성경에 다 기록되어 있기 때문입니다. 그러나 수많은 사람들이 이것을 까맣게 모릅니다. 그래서 성도들만 아는 비밀이 된 것입니다. 세상 사람들은 세상 나라가 전부인 줄 알지만 우리는 세상과 비교할 수 없는 하님나라가 있음을 아는 자입니다.

아무도 모르는 비밀을 혼자 아는 것은 너무 흥분되는 일입니다. 그런데 비밀을 아는 사람이 몇 있다면 그들은 동지가 됩니다. 비밀을 공유한 사람들은 그들끼리 통하는 기쁨이 있습니다. 하나님의 나라가 있음을 진짜 믿고 그 나라의 놀라운 비밀을 아는 사람들도 마찬가지입니다. 그 비밀을 아는 사람들끼리 만나면 얼마나 좋은지 모릅니다. 교회 공동체가 바로 그런 곳이고, 예수 믿는 사람이 바로 그런 사람입니다. 저는 어디를 가든지 항상 하나님나라의 사람을 만나라는 성령의 감동을 받습니다. "여기에 하나님나라의 사람이 있습니까?"라고 물어보기도 하고, 그런 사람에 대하여 듣게 되면 어떻든 그 사람을 만나보려고 애를 써서 참 많은 분들을 만났습니다.

하나님나라의 비밀을 아는 자가 충성스러운 사람입니다. 그러나 아직도 많은 그리스도인들이 예수님을 믿어 속죄함을 받고 구원받은 믿음은 가지고 있지만 하나님의 나라에 대해서는 별 감흥이 없습니다. 짐 심발라(Jim Cymbala) 목사는 이런 질문을 하였습니다. "우리가 이 땅에서 하나님의 임재를 경험하려고 애쓰지 않는다면 왜 천국에 가려 하는가? 우리가 지금 이곳에서 하나님의 임재를 즐거워하지 않는다면 천국은 우리에게 천국이 아니다. 이 땅에서 하나님을 애타게 원하지 않는데 하나님께서 그 사람을 왜 천국에 보내시겠는가?"

그렇습니다. 하나님의 나라에 대한 관심이 없다는 것은 대단히 두려운 일입니다. 하나님의 나라에 대한 믿음과 관심, 열정, 사모함이 정말 중요합니다. 이것이 우리 자신이 진짜 구원받은 사람인지 아닌지를 알게 해 주기 때문입니다.

··· 우리의 시민권은 하늘에 있는지라 빌 3:20

이것을 진짜 믿는 사람은 황홀합니다. 엄청난 축복입니다. 우리는 대한민국 시민권을 가지고 있습니다. 그러나 그보다 더 중요한 하나님나라의 시민권을 가진 사람입니다. 하나님나라에서 이 세상 밤거리의 화려한 네온사인과 수많은 차들, 높은 건물들과 부자라는 사람들이 어떻게 보일까요? 정말 아무것도 아닌 것처럼 보일 것입니다. 이 눈이 뜨여야 합니다.

그런 사람이어야 시험이 오고 시련이 오고 위기가 오고 심지어 순교하는 일이 일어난다고 해도 흔들리지 않는 것입니다. 왜냐하면 진짜를 알게 되었고 하나님의 비밀을 맡은 자가 되었기 때문입니다. 이 세상에서 조금 어려움을 겪더라도 영원한 하나님의 나라를 포기할 수는 없습니다. 하나님의 나라를 모르는 사람은 세상의 일 때문에 요동하지만 하나님의 나라에 눈이 뜨인 사람은 세상의 일로 요동하지 않습니다.

## 죽음에 눈이 열린 사람

〈죽기 아니면 까무러치기〉라는 제목의 영화가 있는데, 정년(停年)이 얼마 남지 않은 고참 형사 버트가 주인공입니다. 그는 유능한 것과는 거리가 먼 무사안일주의로 월급이나 연금에만 관심이 있는 말년의 경찰입니다. 그런데 어느 날 그의 정기 건강검진 보고서가 다른 사람의 것과 바뀌는 사고가 일어났습니다. 뒤바뀐 보고서를 본 의사로부터 시한부 인생을 선고받은 버트는 그때부터 비로소 자신의 인생을 돌아보게 됩니다. 가정도 엉망이고 직장생활도 제대로 못했는데 설상가상으로 퇴직이 코앞입니다.

그는 고민 끝에 엄청난 결정을 내립니다. 조금 있으면 퇴직인데, 정년으로 퇴직하지 않고 순직(殉職)한다면 보상금으로 30만 달러가 나온다는 것을 알게 되고 나서 가족을 위해 순직 작전을 펼치게 된 것입니다. 언제나 비겁하고 안이하게 살았던 그가 아주 용감한 경찰로 바뀌었습니다. 생명의 위협을 무릅쓰고 위험한 사건에 뛰어드는 버트를 보고 그의 동료는 물론 경찰서 전 직원들이 깜짝 놀랍니다. 그는 많은 악당들과 싸웁니다. 싸우는 목적이 그들을 체포하려는 것이 아니라 그들의 총에 맞아 죽는 데 있었으니 그가 얼마나 용감무쌍했겠습니까?

그런데 죽지는 않고 계속 공을 세우고 표창까지 받습니다. 버트는 "왜 이렇게 죽기가 힘드냐"고 투덜거립니다. 심지어 잔인하기로 유명한 악당 두목에게 제 발로 찾아가지만 오히려 그를 체포합니다. 가족과 거의 대화하지 않았던 그가 이제는 아내와 자녀들과 대화도 합니다. 이런 그의 변화에 아내는 한동안 믿지 못하다가 너무나 기뻐하죠. 그러다가 결국 병원의 착오로 건강검진 보고서가 바뀌었다는 사실이 알려진다는 이야기입니다.

중간에 이런 에피소드도 나옵니다. 이웃집에 사는 소년이 짝사랑에 빠졌는데 자신의 사랑을 고백해야 할지 말지 그에게 조언을 구할 때 그는 진지하게 사랑을 고백하라고, 인생에서 기회는 그리 많지 않다고, 우리가 살아가면서 사랑을 고백하는 것처럼 중요한 것은 없다고 말해줍니다. 완전히 다른 사람이 된 것입니다.

단순한 코믹 영화 같지만 죽음에 눈이 열린다면 변하지 않을 사람이 없다는 교훈을 줍니다. 실제로 우리가 1년의 시한부 인생을 선고받는다면 어떨까요? 1년 동안 1분 1초를 아껴가며 정말 놀랍게 변화된 삶을 살지 않겠습니까? 이처럼 하나님의 비밀을 맡은 사람, 하나님나라의 비밀에 눈뜬 사람은 결코 배신할 수 없습니다. 예수님을 부인할 수 없습니다.


## 사망의 음침한 골짜기를 지나는 사람들


소망 중에 즐거워하며 환난 중에 참으며 기도에 항상 힘쓰며 롬 12:12

하나님의 나라가 이 땅에 온전히 임할 때가 다가오고 있음을 알게 되면 불평 원망이 다 사라집니다. 하나님의 보좌를 본 이사야는 하나님의 심판을 전하는 고난의 선지자로의 부름 앞에서 "주여, 저를 보내소서"라고 했습니다.

하나님을 잘 믿는데도 환난을 당할 수 있습니다.

《내 슬픔을 건넌 다리》를 쓴 크리스티나 노블(Christina Noble)은 아일랜드 빈민가에서 태어납니다. 알코올중독자이며 폭군에 가까운 아버지가 일을 하지 않아 크리스티나와 동생들은 어린 나이에 앵벌이를 시작합니다. 어머니마저 병으로 죽게 되자 동생들과도 뿔뿔이 흩어져 그녀는 수녀원에서 어렵게 생활합니다. 하지만 진취적이고 적극적인 성격의 크리스티나 노블은 17세 무렵 수녀원을 빠져 나와 영국에서 일을 시작했는데, 동네 학교에서 밤마다몰래 잠을 자다가 동네 청년들에게 강간을 당하기도 했습니다. 결혼하고 아이들도 태어나지만 모든 생계를 책임져야 하는 노블에게 결혼도 안식처가 될 수 없었습니다.

그러던 중 베트남 전쟁의 참상을 보게 된 노블은 자신이 고아처럼 비참한 삶을 살았기에 그곳에 버려진 아이들에 대해 특별한 마음을 품게 되고 1989년, 베트남으로 가서 고아를 하나 둘 돌보게되면서 드디어 의료시설과 쉼터가 마련되고, 교육까지 할 수 있는 '크리스티나 노블 어린이 재단'이 탄생되어 베트남과 몽골의 70만 고아들을 돌보기에 이릅니다. 크리스티나 노블은 전 세계에서 가장 존경받는 여성 20인에 선정되기도 했습니다.

노블은 자신이 웨이트리스를 하며 모은 돈 5파운드까지 훔쳐서 술을 마시던 아버지, 자신을 윤간한 사람들, 결혼 후 자신을 이용하는 남편, 그런 험한 인생을 살게 하신 하나님까지 원망하면서 자신의 인생을 한탄하며 살 수 있었지만 자신이 한없이 초라하고 비참하게 느껴질 수밖에 없는 기막힌 고난의 시간 속에서도 자신의 삶에 하나님의 특별한 목적이 있다는 사실을 기억했습니다.

하나님을 믿는다는 것은 지옥과 같은 상황에서도 "하나님은 나에게 선하시다"라는 것을 믿는 것입니다. 비록 사망의 음침한 골짜기를 지날지라도 여전히 나를 돌보시며 더 크게 성장시키시며 소명의 삶을 살아내게 하시고 합력하여 선을 이루시는 살아 계신 그 하나님을 믿는 것입니다.

우리의 믿음의 선배들도 일제와 공산당으로부터 말할 수 없는 고난을 겪었습니다. 지금 이 시간에도 북한에 있는 예수님 믿는 형제자매들이 무서운 핍박 중에 있습니다. 우리도 일상 가운데서 환난과 탄압을 경험할 수 있습니다. 가족 중에 교회에 가는 것을 맹렬히 반대할 수도 있고, 충성스럽게 예수님을 믿기 때문에, 세상 사람들과 다르게 산다는 이유로 조롱과 무시를 받을 수도 있습니다. 이런 것이 목숨의 위협을 받는 핍박의 상황은 아니지만 순교하는 것 같은 두려움을 줍니다.

그 때, 하나님의 나라가 희미하게 보이는 사람이 있고 선명히 보이는 사람이 있습니다. 이따금 바라보는 사람이 있고 항상 바라보는 사람이 있습니다. 그 차이가 충성스러움의 차이를 만듭니다.


## 막연한 하나님의 나라에서 분명한 하나님의 나라로

어떻게 하면 우리가 하나님의 나라에 눈이 뜨일까요? 저희 교회에서는 3년째 매일 저녁 '매일합심기도'를 하고 있습니다. 이 일은 "하나님의 나라와 그의 의를 먼저 구하라"고 하신 주님의 명령에 순종하기 위해서입니다. 제가 문자로 보내는 기도 제목 중 첫 번째 기도는 "하나님의 나라가 속히 이 땅에 임하게 하소서"라는 제목으로 시작됩니다. 그러면서 제가 받은 은혜가 너무나 많았는데, 그중에서 가장 놀라운 것이 바로 하나님의 나라에 대한 눈이 열리는 것입니다.

물론 그전에도 안 믿은 것은 아닙니다. 하지만 대부분의 시간에 하나님나라에 대하여 잊어버리고 살았습니다. 성경을 읽거나, 책을 읽거나, 설교를 듣다가, 하나님의 나라에 대하여 생각이 날 때가 있기는 했습니다. 하지만 또다시 잊고 살았습니다. 이처럼 너무나 중요한 하나님의 나라가 제게는 별 관심이 없는 것이 되어버렸습니다. 그리고 하나님의 나라는 너무 막연하다는 생각만 하였습니다. 그러나 하나님의 나라가 막연한 문제가 된 것은 "너희는 먼저 그의 나라와 그의 의를 구하라"고 하신 주님의 말씀에 순종하지 않았기 때문이었습니다.

교우들에게 매일 기도 제목을 보내야 하기 때문에 매일 하나님의 나라를 위해 기도하며, 하나님께 '어떻게 기도해야 되는지', '무엇을 기도해야 되는지' 물으면서 하나님의 나라는 저에게 너무나 분명한 실재가 되었습니다.

너는 내게 부르짖으라 내가 네게 응답하겠고 네가 알지 못하는 크고 은밀한 일을 네게 보이리라 렘 33:3

저는 이 말씀의 진정한 의미를 하나님의 나라를 위하여 기도해보고 알았습니다. 실제로 기도해보니 하나님의 나라가 선명하게 보였습니다. 매일합심기도를 하게 하신 하나님의 뜻은 하나님의 나라를 바라보는 눈을 열어주시려는 것이었습니다. 하나님의 나라가 믿어지니 하나님의 나라를 위하여 헌신하게 되는 것입니다.

예수님께서 "원수를 사랑하라", "근심하지 말라", "두려워하지 말라", "믿기만 하라", "주는 것이 받는 것보다 복이 있다", "네 소유를 가난한 자들에게 주라", "십자가를 지고 나를 따르라" "담대하라"고 말씀하셨던 것은 하나님의 나라를 바라보셨기 때문입니다. 하나님의 나라를 바라보시니 주님은 당연히 그렇게 말씀하실 수밖에 없는 것입니다.

이렇게 하나님의 나라에 눈이 뜨이면 우리는 모든 사람들과 화평하고 거룩하게 살 것입니다. 하나님의 나라에서는 누가 큰일을 했는지, 누가 더 잘했는지, 누가 앞섰는지 상관하지 않을 것입니다. 하나님의 나라에 눈이 뜨이고 나면 서로 경쟁할 이유가 없고 시기 질투할 까닭이 없습니다. 우리는 다 같이 하나님 앞에 설 사람들이기 때문입니다.

예수님은 천국을 발견한 사람은 밭에서 보화를 발견한 농부처럼 기쁠 것이라고 하셨습니다. 기쁨이 충만합니다. 하나님의 나라는 우리를 기쁘게 합니다. 물론 아직 가진 것은 아닙니다. 그러나 이제 곧 가질 것입니다. 우리는 좋은 집으로 이사 가기 전에 기뻐합니다. 방학을 앞두고 있으면 기쁘지요. 월급 전날 기쁩니다. 무엇을 얻기 전에 벌써 기쁨이 옵니다. 그것이 바로 예수 믿는 사람이 가진 기쁨입니다. 이런 사람이 끝까지 충성하는 사람입니다.

## 진짜 주님의 일꾼

실제로 교회에서 사람들과 함께 일해보면 유능한 사람, 능력 있는 사람이 아무래도 일을 잘합니다. 24시간 예수님을 바라보는 사람이고 하나님의 나라를 보는 눈이 뜨인 사람이라도 재능과 능력이 부족한 사람에게 일을 맡기면 당연히 일이 더디고 때때로 답답합니다. 일의 수준이 낮습니다. 그래서 짧은 기간을 두고 본다면 유능한 사람이 더 필요할 것 같습니다. 그런데 좀 더 길게 보기 시작하니까 아니었습니다! 진짜 그리스도의 일꾼은 예수님이 그를 통해서 일하시는 것이 훈련된 사람, 하나님의 나라에 대해서 눈이 뜨인 사람입니다. 그 사람에게 일을 맡기면 능력은 좀 부족한 것 같아도 길게 내다보면 일이 훨씬 잘 됩니다. 분위기가 너무 좋습니다. 교회가 든든히 서 갑니다. 재주 많은 사람, 능력 많은 사람으로 교회가 서는 것과 비교가 안 됩니다. 나중에 보면 일에서도 탁월함을 발휘합니다.

순회선교단을 옆에서 지켜보면서 배우는 것이 많았습니다. 한번은 순회선교단 사역자들의 보직이 전부 바뀌어 있는 것을 발견했습니다. 만나보니 지금 맡은 일들이 다들 처음이라고 합니다. 컴퓨터도 모르는 사람이 컴퓨터를 다루고, 행정을 모르는 사람이 행정을 맡아서 하고 있었습니다. 저도 처음에는 잘하던 것을 계속하게 하는 것이 낫지 않을까 생각하였습니다. 그런데 김용의 선교사님의 말씀을 들어보니 원리는 하나였습니다. 내가 잘하는 일을 가지고는 주님이 하셨다고 고백하기 어렵다는 것입니다. 나는 도무지 잘하지 못하는 일이지만 해야만 하기에 순종하였더니 감당할 수 있게 되었다면 뭐라고 고백하게 될까요? "주님이 하셨습니다!" 당연히 그렇게 고백하게 되지 않겠느냐는 것입니다.

참 대단한 믿음이라고 생각되었습니다. 그런데 정말 시간이 지나고 보니 일이 더 잘 되고 있었습니다. 은사와 능력이 그 사람의 것이 아니라 하나님으로부터 온다는 것을 새삼 깨닫게 되었습니다.

우리에게 재능과 은사보다 더 중요한 것은 "내가 진짜 그리스도의 일꾼인가? 나는 죽고 예수로 사는 사람인가? 하나님의 비밀을 맡은 자인가?" 하는 것입니다. 이 점이 인정이 된다면 집안일을 하든 직장에서든 교회에서든 그 사람은 끝까지 갑니다. 변하지 않습니다. 능력이 부족해도 하나님이 다 채우십니다. 진짜 교회를 만들어가십니다.

살아가는 동안 우리에게 시험과 유혹이 많습니다. 이미 그 가운데 있는 분도 있을 것입니다. 그러나 우리 주님이 충성의 열매를 맺어주십니다. 요동함이 없도록 만들어주십니다. 흔들리지 않도록 세워주시는 주님을 경험하시기 바랍니다. 평소 일상에서 주님을 바라보는 삶을 훈련해야 합니다. 매일매일 주님과 동행하는 훈련을 해보십시오. 그러면 어떤 시험도 얼마든지 이겨낼 수 있습니다.


**Prayer Points**

1. 예수님이 시켜서 말하고 주님이 하라고 하시는 일을 하는 사람, 그리스도의 일꾼으로 인정받게 하소서.

2. 하나님의 비밀을 맡은 자로 인정받게 하시고 하나님의 비밀을 아는 자가 되게 하소서. 눈을 열어 하나님나라의 영광을 보여주소서. 어떤 유혹과 시련이 와도 흔들리지 않게 하소서.

3. 하나님을 향한 충성된 믿음을 서로 지켜줄 수 있는 교회 공동체를 세워가게 하소서.

# 온유해지면
## 연단도 끝난다

26 또 새 영을 너희 속에 두고 새 마음을 너희에게 주되 너희 육신에서 굳은 마음을 제거하고 부드러운 마음을 줄 것이며 27 또 내 영을 너희 속에 두어 너희로 내 율례를 행하게 하리니 너희가 내 규례를 지켜 행할지라

에스겔서 36:26,27

제가 열등감으로 몸부림치던 때가 있었습니다. '나는 왜 잘하는 것이 없을까?' 제 자신이 너무 초라하고 약해 보였습니다. 그런데 그때 주님은 제가 약한 것이 아니라 너무 강해서 쓰시지 못한다고 말씀하셨습니다. 제가 너무 강하다고 생각해본 적이 없었기 때문에 주님의 말씀은 저에게 충격이었고 굉장히 당황스러웠습니다.

　여러분 중에도 "난 너무 약해", "난 너무 부족해", "나는 뭐 제대로 하는 것도 없어", "난 열등감이 너무 많아" 하는 분들이 꽤 있으실 것 같습니다. 그런데 우리가 정말 약하다면 차라리 다행입니다. 걱정할 게 없습니다. 왜냐하면 하나님이 택하시는 사람이 바로 약한 사람이기 때문입니다.

　그러나 하나님께서 세상의 미련한 것들을 택하사 지혜 있는 자들을 부끄럽게 하려 하시고 세상의 약한 것들을 택하사 강한 것들을 부끄럽게

하려 하시며 고전 1:27

하나님의 말씀이 진짜 맞는다면 약한 것은 걱정할 문제가 아닙니다. 하나님이 택하여 쓰시는 사람이기 때문입니다. 우리가 약하면 주님이 직접 역사하실 수 있습니다. 그래서 주님은 일부러 약한 자를 택하시고 또 약하게 만들기도 하십니다.


## 넌 너무 강하다

그러나 약하다고 다 쓰시는 것은 아닙니다. 우찌무라 간조가 "내가 아직도 약한 것은 내가 아직 너무 강하기 때문이다"라고 했습니다. 스스로 생각하기에 '약하다, 약하다' 하지만 실제로는 자아가 굉장히 강한 사람이 많습니다. 그래서 약한데 자아가 죽지 않은 사람, 약한데도 하나님이 쓰시지 못하는 사람이 되는 것입니다.

많은 사람이 자신이 강하다는 것을 모릅니다. 자신이 강한지 아닌지 한번 확인해보십시오. 여러분, "기도하라", "성경 읽으라", "용서하라", "전도하라", "감사하라", "사랑하라", "예수동행일기를 쓰라" 들어본 적 있습니까? 그래서 하셨습니까? 안 했다면 강한 것입니다. 우리는 수없이 듣고도 안 합니다. 핑계가 많아요. 그러나 원인은 한 가지입니다. 자아가 강한 것입니다.

주님이 하라고 하시면 그냥 하는 것이 아주 당연하다면, 그가 바로 약한 사람입니다. 약한 사람은 자기 주관이나 의견이 없습니다. 주님이 하라고 하시면 그대로 순종합니다. 반대로 순종하지 못하는 이유야 많겠지만 순종하지 않는다면 그것은 결국 자아가 강하다는 증거일 뿐입니다. 주님도 어떻게 하시지 못할 정도로 강한 것입니다. 기도하라고 해도 안 하고, 성경 읽으라고 해도 안 읽고, 용서하라고 해도 안 하고, 전도하라고 해도 안 하고, 사랑하라고 해도 안 하면서 본인은 늘 자기가 약하다고 하니 우리 주님의 속이 터지는 것입니다.

제가 기도할 때 주님도 그 마음이셨던 것 같습니다. "너는 '이것도 못 해요, 저것도 못 해요' 그러는데 차라리 그렇다면 내가 할 수 있겠는데, 넌 너무 강해." 그때서야 제가 영적으로 굉장히 완고하다는 것이 깨달아졌습니다. 여러분, 믿음이 좋아 보이는데 실제는 영적으로 완고한 사람이 많습니다. 이것은 하나님께 반응하지 않는 성품입니다.


## 완강한 자아

군종 사병을 뽑을 때 대부분 목사님, 장로님의 자제들을 뽑게 됩니다. 어려서부터 교회 안에서 자라서 보고 들은 것이 많아서인지 뽑힌 군종 사병들은 군인 교회의 일들을 제법 잘 해냅니다. 그런데 어느 군목님이 예수동행일기 세미나에 참석하여 큰 도전을 받으시고 군종 전도사들과 먼저 주님과 동행하는 일기를 쓰며 군 생활 중 주님과의 친밀함을 훈련해야겠다고 결심하고, 군종 전도사들에게 이제부터 매일 일기를 쓰고 "24시간 예수님을 바라보자"고 했을 때 하나같이 외면하여 크게 당황했다고 합니다.

우리는 주님의 명령 앞에 서보아야 비로소 자신이 온유하고 부드러운 마음을 가진 사람인지 아닌지 분별할 수 있습니다. 회사를 경영하던 집사님 한 분이 주님을 바라보는 눈이 뜨이면서 그동안 회사가 잘되기만 기도하였지 온전히 하나님의 방법대로 회사를 경영하지 못했음을 회개하고 앞으로는 하나님께서 기뻐하실 방법으로 회사를 경영하기로 결단하였습니다. 세금도 영업도 하나님의 방법대로 하겠다고 결정한 뒤 그것을 전 직원들 앞에서 발표하고 모두 잘 따라줄 것을 당부했습니다.

그런데 재정 담당과 영업 담당 책임자가 사표를 가지고 찾아왔습니다. 그런 방법으로는 일할 자신이 없다는 것입니다. "사장님이 하라는 대로 우리는 일 못하겠습니다. 그것은 불가능한 일이고 망하자는 것입니다." 그토록 신뢰했고 그동안 사장이 하는 말이면 뭐든지 잘 따라주었던 바로 그 사람들이 사표를 내겠다고 해서 충격을 받았습니다. 자신이 회사를 설립했고 또 사장이니 자신의 회사인 줄 알았는데, 자기보다 더 큰 힘으로 회사를 움직이는 영적 세력이 따로 있음을 처음 깨달은 것입니다.

우리는 우리 자신이 얼마나 완강한 자아의 소유자인지 평소에는 잘 모릅니다. 결정적으로 하나님께 순종해야 할 때 우리의 강한 자아가 드러나게 됩니다.


## 온유, 주님께 온전히 반응하는 성품

세상에서는 다른 사람의 비위를 잘 맞추고 고객들이나 사장님 비위도 잘 맞추면 온유한 것 같습니다. 그러나 그것은 성령께서 역사하시는 열매인 온유함과 다릅니다. 착하고 무난한 인간관계를 맺고 있는 것도 온유가 아닙니다.

예수님의 말씀을 들었던 그 당시 대부분의 사람들은 아무 힘도 없는 서민들이었습니다. 재산도 학식도 없고 사회적 지위도 없는 사람들, 도시락을 싸올 수도 없어서 들판에서 주님의 말씀을 듣다가 굶기까지 했던 사람들입니다. 보통 이런 사람들은 상당히 온유해 보입니다. 권세 있는 사람들이 뭔가 이야기하면 꼼짝없이 굽실거리고 큰소리 한번 내지 못할 것 같습니다. 다 착하고 온순한 사람들 같습니다. 그러나 그들이 또한 예수님을 "십자가에 못 박으라"라고 소리 지른 사람들입니다.

성령의 열매인 온유함은 힘이 없고, 아는 것이 없어서 말도 제대로 못하고, 시키는 대로 다하는 그런 성품과 다른 것입니다. 이등병일 때는 다 온유해 보여도 병장이 되면 달라집니다. 호랑이도 새끼는 귀엽지만 다 크면 무서운 맹수입니다. 직장이나 사업상 만나는 사람들에게는 온유한데 집에 들어오면 폭군처럼 변하여 아내에게 폭력을 행사하고 아이들에게 소리소리 지르는 사람들도 있습니다. 애인에게는 잘해도 종업원에게 무례하게 행하는 사람도 있습니다.

천성적인 온유함 역시 성령의 열매인 온유함과 다릅니다. 하나님은 성령으로 온유해진 사람이 아니면 쓰실 수가 없습니다. 왜 하나님이 내게 역사해주지 않으실까요? 안 하시는 게 아니라 못하시는 것입니다. 왜냐하면 내 심령이 온유하지 않기 때문입니다. 심령이 온유하다는 말은 주님에 대한 반응을 뜻합니다. 주님이 하라고 하시면 하고, 하지 말라고 하시면 하지 않습니다. 주님이 말하라고 하시면 말하고, 주님이 입을 다물라고 하시면 가만히 있습니다. 이렇게 주님께 온전히 반응하는 성품이 온유함입니다. 이 온유함이 없으니까 주님이 역사하시지 못하는 것입니다.

온유한 것과 아닌 것의 차이는 겉으로 온순해 보이는 것으로는 분별하기가 어렵습니다. 진돗개와 같은 명견(名犬)들은 주인에게 철저히 복종합니다. 주인 앞에서는 한없이 부드럽습니다. 온유합니다. 그러나 낯선 사람에게는 차갑고 강합니다. 하지만 어떤 개는 주인에게 꼬리치고 낯선 사람에게도 꼬리칩니다. 주인에게 온유하지만 낯선 사람에게는 매우 강한 개가 사실은 성경적인 의미의 온유함입니다. 그러니까 성령의 열매인 온유함은 무조건 성격 좋은 것을 말하는 것이 아니라 주님께 온유한 것을 말하는 것입니다. 주인 앞에서는 완전히 꼬리 내리고 주님이 하는 대로 전부 맡기지만 사탄에게는, 세상에 대해서는, 하나님의 뜻이 아닌 것에 대해서는 진돗개처럼 무섭습니다. 우상 앞에서 완강하고 하나님이 기뻐하시는 뜻이 아니라면 자기 생명도 불사합니다.

## 평화를 이루는 영적 위엄

중국의 어느 지방에 싸움닭을 잘 훈련시키는 조련사가 있었습니다. 하루는 그 지방의 영주가 이 조련사를 찾아와 자신의 닭을 훌륭한 싸움닭으로 훈련시켜달라고 당부했습니다. 그 닭은 몸집도 크고 닭 벼슬도 아주 붉고 큼직한 것이 보기에는 영락없이 싸움닭인데, 다른 닭을 보기만 하면 비실비실 도망가고 자기보다 훨씬 작은 놈 앞에서도 기를 못 펴니까 영주가 특별 훈련을 부탁한 것입니다.

훈련을 맡긴 지 한 달 만에 찾아가보니 닭의 눈매가 또릿또릿해졌습니다. 굉장히 활발하게 움직이고 위축감을 느끼거나 피해서 도망치거나 하지 않았습니다. 다시 한 달 후에 가보니 이제 제법 싸움을 잘합니다. 다른 닭에게 조금도 물러서지 않아서 훈련이 잘 되었다고 느꼈습니다. 또 한 달 후에 가보니 이제는 닥치는 대로 싸웁니다. 정말 감탄했습니다. 어떻게 석 달 만에 닭이 완전히 변할 수 있는지 신기해서 이제는 데려가겠다고 했더니 조련사가 한 달만 더 두라고 합니다.

그래서 다시 한 달을 더 맡겼다가 한 달 후에 찾아가보니 닭이 그냥 마당 한가운데 서 있기만 하고 전혀 싸울 생각을 안 해요. 그런데 중요한 것은 다른 닭들이 감히 대들지 않고 아주 조용하다는 것입니다. 이 닭이 쳐다보기만 해도 다른 닭들이 도망치기 바쁘고, 옆에서 퍼드덕거리는 소리가 나서 고개를 돌리기만 해도 다 조용해졌습니다. 이제 닭장은 완전한 평화입니다. 그제야 조련사가 "이제 됐습니다. 이 닭을 가지고 가세요"라고 하더랍니다.

푸드덕거리고 싸우는 닭은 시원치 않은 닭입니다. 그냥 있기만 해도 감히 다른 닭이 대들지 않고 피하는 위엄이 있는 닭, 그 닭이 최고의 싸움닭입니다. 전혀 싸우지 않고 그런데도 싸움이 없고 누가 건드리지도 않습니다. 우리가 하나님 앞에서 온유함으로 훈련되는 일이 바로 이와 같은 것입니다.

온유함이란 나약함이나 비겁함을 말하는 것이 결코 아닙니다. 그것은 강한 위엄입니다. 평화를 이루는 힘이야말로 가장 큰 힘입니다. 원수가 찾아와서 화해를 청하는 것이 가장 큰 승리입니다. 굳이 이 사람 저 사람과 싸우거나 다툴 필요가 전혀 없습니다. 하나님이 일거에 다 평정해주시는 것 같습니다. 영적 권위가 있습니다. 그 사람을 보면 그 사람이 보이는 것이 아니라 그 사람과 함께 하시는 하나님이 보입니다. 그 사람 안에 거하시는 주님이 드러나시는 것입니다. 마음 자체가 완전히 달라집니다. 이것이 하나님이 우리에게 주시는 온유함입니다.


## 부드러운 순종의 마음

성령께서 임하신 사람의 특징은 굳은 마음이 부드러운 마음으로 변화된다는 것입니다.

> 또 새 영을 너희 속에 두고 새 마음을 너희에게 주되 너희 육신에서 굳은 마음을 제거하고 부드러운 마음을 줄 것이며 겔 36:26

성령이 오시기 전에 우리 마음은 굳어 있었습니다. 그러면 성령이 오셔서 우리 안에 굳은 마음을 부드러운 마음을 만드시는 이유가 무엇일까요? 바로 하나님의 말씀 그대로 순종하도록 하기 위해서입니다.

> 또 내 영을 너희 속에 두어 너희로 내 율례를 행하게 하리니 너희가 내 규례를 지켜 행할지라 겔 36:27

우리가 하나님의 말씀대로 해야 하나님께서 역사하실 수 있습니다. 하나님께서 아무리 우리 삶에 복을 주시려고 해도 우리가 하나님의 말씀대로 순종하지 않으면 복을 주실 수가 없어요. 계속

매만 대실 수밖에 없습니다. 하나님이 역사하실 수 있는 길로 가지 않는데 어떻게 복을 주시겠어요? 망하는 길로 가는데 어떻게 계속 도와주시겠어요? 그러니 하나님이 하라는 그대로 순종이 되어지는 마음이 얼마나 귀한 마음입니까? 그 마음을 '부드러운 마음'이라고 하는 것입니다.

성령이 우리에게 오시면 하나님이 정말 살아 계시고 하나님이 전능하신 하나님이시라는 것이 믿어집니다. 하나님이 정말 살아 계시고, 하나님이 모든 것을 주관하시고, 전능하신 하나님이시라는 사실이 믿어지면 내게 있는 문제가 아무것도 아닙니다. 시험도 시련도 아무것도 아니고, 나를 힘들게 하는 사람도 아무것도 아닙니다. 하나님을 진짜 믿지 못하니까 다른 것이 다 커 보이는 것입니다.

성령이 우리에게 오셨습니다. 하나님이 우리 마음에 임하셨어요. 그것을 아는 사람이 "한다, 못 한다", "된다, 안 된다" 고집부릴 수 있겠습니까? 주님이 하시면 하시는 것입니다. 주님이면 얼마든지 하실 수 있습니다. 이것이 믿어지니까 내 마음에 더 이상 염려와 근심이 없어집니다.

죽을 것 같고 망할 것 같은데 어떻게 순종하느냐고 말하는 것은 온유한 믿음이 없어서 그런 것입니다. 하나님을 완전히 믿지 못하니까 순종할 믿음이 안 되는 것입니다. 세상 방법으로 해야 잘 될 것 같은 마음으로는 당연히 순종하지 못합니다. 하나님이 진짜 믿어지지 않고 하나님이 강하신 하나님이시라는 확신이 없으니까 세상 근심 염려에 휘말려 사는 것입니다. 그것이 '굳은 마음'입니다.

그런데 성령이 오셔서 하나님을 알게 하시고, 하나님이 믿어지게 되니까 순종하지 못할 문제가 없게 되는 것입니다. 받아들이지 못할 문제도 없습니다. 그것을 자신만 느끼는 것이 아닙니다. '아, 이 사람이 정말 온유한 사람이구나' 하고 다른 사람도 느낍니다.


## 온유함의 핵심

한번은 신학교 신문사에서 저를 인터뷰하겠다고 찾아왔습니다. 왜 나를 인터뷰하러 왔느냐고 물으니 신학생들이 저를 존경하는 목회자로 손꼽아서라는 것입니다. 그래서 '왜 나를 존경하는지' 그 이유를 물으니 제가 겸손해서 존경한다는 것입니다. 그 말을 듣고 저는 기가 막혔습니다. 제가 하나님 앞에서 가장 크게 회개하는 제목이 바로 겸손하지 않은 것입니다. 제가 너무 고집이 세고 교만하다고 늘 자책하는데 그런 나를 겸손한 목사라서 존경한다니, 어떻게 그렇게 사람을 잘못 볼까 안타까워하며 계속 이야기를 나누다가 깨달았습니다.

그들은 제가 항상 주님을 바라보려고 하는 태도를 겸손하다고 느꼈던 것입니다. 함께하시는 주님을 의식하려고 노력하는 것을, 그들이 그렇게 느낀 것이지요. 저 자신은 절대로 겸손하지 않습니다. 교만하기 짝이 없죠. 그렇지만 교만한 사람도 주님을 바라보면 교만할 수 없습니다. 주님을 바라보지 못하면 내가 하고 싶은 대로 하고 내 자랑도 하겠지만, 주님을 바라보는데 어떻게 그렇게 합니까? 주님을 바라보는 것이 곧 겸손입니다.

온유함의 핵심은 주님을 바라보는 것입니다. 주님이 정말 나와 함께 계신다고 믿어지는 사람, 그 사람은 말이나 행동이 다 온유합니다. 주님이 전혀 의식이 되지 않는 사람도 있습니다. 주님이 내 안에 계신 것을 믿는다고 하면서 누구를 만나든, 집에서나 직장에서나 전혀 주님 생각이 안 나는 사람, 그런 사람은 자기 생각나는 대로, 자기가 옳다고 하는 대로, 자기 하고 싶은 대로 합니다. 다른 사람이 보기에 자기 마음대로 사는 사람입니다. 그리스도인은 그리스도의 사람이라는 말인데 그들은 전혀 그리스도인이 아닙니다. 자기가 자기 주인입니다. 마음이 굳어 있는 사람입니다. 주님도 어떻게 못하는 사람, 실제로 너무 강한 사람입니다. 그러나 주님을 바라보는 눈이 뜨이고 나면 완전히 주님께 복종하게 됩니다. 주님을 바라보는 눈이 뜨인 것이 바로 온유함입니다.


## 하나님께 완전히 복종

저의 양부모님이 미국에 계신데 어머니가 신혼 초 이혼을 생각하셨다고 하셔서 깜짝 놀란 적이 있습니다. 왜 그런 생각을 하셨는지 물었더니 밥을 해놓고 식사하시라고 하면 아버지가 항상 늦게 와서 애써 차린 밥도 국도 다 식어버리는 것이 너무 속상해서 더 이상 함께 살 수 없다고 생각하셨다는 것입니다. 그래서 하나님 앞에 이혼을 허락해달라는 기도를 하는데 하나님께서 대답이 없으시더랍니다.

하나님의 응답이 없으니 이혼할 수도 없고 안 할 수 없는 불행한 마음으로 힘들어하던 어느 날, 기도 중에 '하나님께서 불행하게 살라고 가정을 주신 것이 아니다. 하나님은 나에게 행복한 삶을 약속하셨다'라는 생각이 들며 정신이 번쩍 나셨다고 합니다. '하나님은 좋으신 하나님이시고 내 아버지가 되시는데 내게 불행한 삶을 계획하셨을 리 없다. 그런데 나는 지금 왜 불행한가? 나도 모르는 사이에 속고 있었구나!' 어머니는 간절한 마음으로 회개하고 기도했다고 합니다. "하나님, 저를 불행하게 만드는 생각을 내어 쫓겠습니다. 무슨 일이 있어도 행복한 가정을 이루고 살겠습니다." 그런 다음에는 어떤 갈등이 있어도 마음이 흔들리지 않았다고 하셨습니다.

한평생 행복하게 살자고 한 부부지만 정말 어설프고 아무것도 아닌 일로 부부 사이가 깨어지기도 하고 무너지기도 합니다. 그런데 어떻게 회복이 되느냐 하면 어떤 상황이라도 하나님이 하라는 대로, 이해가 안 되고 믿어지지 않고 순종하기가 죽기보다 싫어도 하나님이 허락하시고 하나님이 지시하시는 대로, 그렇게만 하는 것이 사는 길입니다. 하나님께 완전히 복종하는 것, 그것이 온유함입니다.

> 오직 마음에 숨은 사람을 온유하고 안정한 심령의 썩지 아니할 것으로 하라 이는 하나님 앞에 값진 것이니라 벧전 3:4

하나님 앞에 정말 값진 것은 우리의 마음, 속사람이 온유해지는 것입니다. 마음이 온유하지 않으면 연단은 계속됩니다. 온유해지면 연단도 그칩니다.

## 주님이 항상 붙잡고 쓰시는 인생

장로교 최연소 여성 목사였던 김효숙 목사님의 간증을 듣고 은혜를 받았습니다. 고1 때 참석한 기도원 집회에서 그는 평생 하나님을 전하는 사람이 되겠다고 서원을 하였습니다. 그러나 대학교에 진학한 뒤 그 서원을 잊고 살다가 어느 순간 삶이 너무 힘들고 고통으로 몸부림치다가 고1 때의 서원을 기억해내고 다시 그 기도원을 찾아갔습니다. 어떻게 해서든지 서원의 짐을 내려놓아야 편히 살 수 있을 것만 같았기 때문입니다.

그날따라 비가 많이 쏟아졌지만 그래도 자신의 인생 전체가 걸린 일이니만큼 결판을 내려는 듯 천둥 번개까지 치는 캄캄한 산에 올라가 하나님 앞에 손을 올리고 간절히 기도하기 시작했습니다. 하나님께 철도 없고, 사고의 폭도 좁고, 세상도 몰랐던 어릴 적 서원이니 제발 취소해달라고 말입니다. 그런데 얼마 후 하늘이 맑게 개면서 한 환상을 보여주시는데, "내가 너를 이런 사람으로 만들었단다"라는 음성과 더불어 크고 튼튼한 쇠 국자 같은 것이 보였다고 합니다. 그렇지만 그는 그 환상을 보고 크게 실망했습니다. 인생을 그릇으로 표현한다면 그래도 자신이 귀한 잔치에서나 볼 수 있는 고급 그릇이라고 생각했는데 '겨우 국자인가?' 싶었기 때문입니다.

서원을 무르러 올라갔다가 국자를 보고 내려온 다음, 한 선배와 상담을 하게 되었는데 그 이야기를 들은 선배가 "너를 하나님의 종으로 쓰시겠다는 거로구나" 하고 말하더랍니다. 선배가 설명하기를 국자는 주인이 손에 붙잡아야만 쓰임을 받는 도구이자 주인이 음식을 덜어서 그릇에 나눠주는 도구이니 하나님의 종이 되라는 응답이라는 것입니다. 성령의 감동을 받은 그는 자신이 혼자서는 볼품없지만 하나님이 붙잡고 쓰시면 제대로 살아갈 수 있고, 하나님께서 주시는 생명의 음식을 그릇마다 옮기는 인생을 살기로 결심하여 신학교에 가게 되었다고 합니다.

주님이 항상 붙잡고 쓰시는 인생, 주님이 원하시는 대로만 움직이는 이것이 바로 '국자 인생'입니다. 내 마음대로가 아니라 주인 마음대로 쓰임 받는 인생이 정말 귀한 인생입니다. 처음에 잘 모를 때는 내 맘대로 못하는 인생이 너무 답답해 보이고 구속인 것 같지만, 알고 보면 하나님이 붙잡고 마음대로 쓰시는 인생처럼 복된 인생이 없습니다. '주님이 하시는구나' 그 확신이 오는 사람 그리고 그렇게 쓰임 받는 사람이 최고입니다.


## 예수님의 마음 vs 내 성질

온유함은 그대로 예수님의 마음입니다.

> 나는 마음이 온유하고 겸손하니 나의 멍에를 메고 내게 배우라 그리하면 너희 마음이 쉼을 얻으리니 마 11:29

온유함의 열매는 우리의 결심과 노력으로 맺어지는 것이 아니라 예수님께서 맺어주십니다. 예수님이 온유하시니 24시간 예수님을 바라보고 예수님을 왕으로 모시고 살면 우리도 온유해지는 것입니다. 예수님의 온유함이 내 온유함이 됩니다. 예수님도 하나님께 다 맡기고 완전히 순종만 하고 사셨습니다.

지금 여러분이 어려운 것은 여러분 스스로 여러분의 삶을 주관하려고 하기 때문입니다. 그냥 주님께 다 맡겨버리시기 바랍니다. "주님이 살리든지 죽이든지 하실 거다", "주님이 계획하신 것이 최고지" 그러면 우리 속에 안달하는 마음이 다 없어집니다. 오직 "주님, 어떻게 할까요? 어떻게 하기를 원하세요?" 이것 하나밖에 없습니다. "당장 오늘 밤에 제가 무엇 하기를 원하세요? 바로 내일 아침에 무엇 하기 원하세요? 주님이 그것 하나 말씀해주시면 그 때문에 어떤 일을 겪든지 저는 그냥 순종합니다." 이렇게 주님께 다 맡기고 나가보십시오. 믿어지니 평안하고 순종만 하면 되니 골치 아플 일이 없습니다. 우리 마음이 쉼을 얻습니다. 온유함이 구원의 길이요 살 길입니다.

저는 어려서부터 성품이 착하고 순하다는 말을 많이 들었기 때문에  제가 온유한 사람이라고 착각을 했습니다. 그러나 솔직히 말하자면 저도 한 성질 하는 사람입니다. 주님을 바라보는 훈련이 되기 전에는 욱 하는 성질을 감추고 살았을 뿐입니다. 그런 제 자신을 보니까 성격이 순하고 착한 것이 온유한 게 아니었습니다. 24시간 주님을 바라보는 눈이 뜨이면서 저는 비로소 제 성질대로 안 하게 되었습니다. 전에는 사람이나 환경 때문에 제 성질을 억눌렀다면 지금은 주님을 바라보니까 주님이 원하시는 대로 하기를 원합니다. 전에는 제 멋대로 살았는데 이제는 주님만 의식하며 주님의 뜻대로 살게 되었다는 것입니다.

십자가에 죽으시기 전 주님은 마지막에 이렇게 기도하셨습니다. "하나님, 그러나 내 뜻대로 마옵시고 아버지 뜻대로 하옵소서." 이것이 그대로 저의 기도입니다. 이것이 온유한 사람의 기도와 자세입니다. 우리가 예수님을 모시고 살면 우리도 예수님처럼 기도하게 됩니다.

## 주님 말씀하시면

어느 성도가 직장 복음화를 사명으로 직장생활을 하였는데, 회식 때 상무가 주는 술잔을 거절했다가 그 옆에 있던 다른 중간 간부로부터 뺨을 맞았습니다. 얼마나 모욕감이 드는지 사표를 쓸 마음으로 다음날 기도원에 올라가 기도하던 중에 예수님의 음성을 들었습니다. "나는 십자가에 달리기까지 했는데, 직장을 복음화하겠다는 네가 뺨 한 대 맞고 못하겠다고 그러느냐?" 이 말에 그만 눈물이 터졌습니다. 복음을 전하다가 생명까지 바친 주의 종들도 많은데, 그에 비하면 뺨을 맞은 것은 정말 아무것도 아니기 때문입니다. 그래서 그 길로 내려와 다시 출근하였습니다.

이것이 온유함입니다. 주님이 하라고 하시면 철저히 복종하는 것이죠. 그러려면 반드시 전제되어야 할 것이 있습니다. 내게 주님이 분명해야 합니다. 온 세상보다 크신 그분이 나에게 너무나 분명해야 합니다. 그 주님이 나와 함께 계시고 내게 말씀하시고 나를 지도하십니다. 그 주님이 내게 말씀하신 것이 있다면 그것은 엄청난 사건입니다. "이것은 주님이 말씀하신 거다" 그러면 순종해야 합니다.

특히 교회 공동체의 지도자는 반드시 온유함이 있어야 합니다.

주의 종은 마땅히 다투지 아니하고 모든 사람에 대하여 온유하며 가르치기를 잘하며 참으며 딤후 2:24

주님이 "너, 가만있어" 그러면 가만있고, "너, 그 사람 받아" 그러면 받고, "기다려" 그러면 기다리는 것입니다.

형제들아 사람이 만일 무슨 범죄한 일이 드러나거든 신령한 너희는 온유한 심령으로 그러한 자를 바로잡고 갈 6:1

절대로 자기 혈기나 판단으로 그 사람에게 말하거나 행동하면 안 됩니다.

그러므로 주 안에서 갇힌 내가 너희를 권하노니 너희가 부르심을 받은 일에 합당하게 행하여 모든 겸손과 온유로 하고 오래 참음으로 사랑 가운데서 서로 용납하고 평안의 매는 줄로 성령이 하나 되게 하신 것을 힘써 지키라 엡 4:1-3

## 나는 온유해졌는가?

여러분, '나는 온유해졌나?' 한번 생각해보기 바랍니다. 여러분이 온유한 사람이 되었는지 아닌지는 주님과의 관계에서 드러납니다. 주님이 함께 계심이 항상 믿어지는 사람은 온유한 사람입니다. 그런데 주님이 함께 계시는 것이 믿어지지 않는다면 그는 성격만 좋은 것입니다. 온유함은 아닙니다. 그런 사람은 언젠가 폭발합니다. 성격 좋은 것만 가지고는 하나님의 영광이 드러나지 않습니다. 어떤 말(馬)이 온유한 말인지 아닌지 가만히 서 있을 때는 모릅니다. 주인과 같이 있을 때 알 수 있습니다. 어떤 개가 온유한지 혼자 있을 때는 모릅니다. 주인이 있을 때 알 수 있는 것입니다. 우리가 온유한 자가 되었는지도 예수님과 동행하는 자가 되었는지로 알 수 있습니다.

아무리 온유함의 열매를 맺은 사람이라도 예수님이 함께하심을 잊어버리는 순간 온유하지 못한 자가 됩니다. 왜냐하면 아무리 주님을 바라보는 눈이 뜨인 사람이라도 항상 그렇다는 보장은 없기 때문입니다. 모세가 그랬습니다. 모세는 가장 온유한 사람이었습니다. 친구처럼 하나님을 대면하여 아는 사람이었습니다.

이 사람 모세는 온유함이 지면의 모든 사람보다 더하더라 민 12:3

그런 모세도 어느 날 반석에서 물을 내는 문제로 한 번 혈기를 부리고 나서 가나안 땅에 들어가는 축복을 잃어버렸습니다. 한 번 주님을 바라보지 못하고 말하고 행동하는 것이 얼마나 무서운 결과를 초래하는지 명심해야 합니다. 그것 때문에 우리가 뒤집어지고 깨지고 계속 연단이 오는 것입니다. 우리가 항상 주님을 바라보고 말하고 행동하는 사람이 되게 하기 위해 우리에게 연단이 오는 것입니다. 우리 마음이 온유하지 않다면 연단은 계속됩니다.

## 온유해지면 연단은 끝나는가?

그럼 온유해지면 정말 연단이 끝납니까? 예, 그렇습니다. 온유해지면 연단이 끝납니다. 예수님을 바라보는 것이 온유이기 때문입니다. 예수님이 얼마나 크신 하나님이신지 알게 되면 어떤 문제도 아무것도 아닌 것처럼 여겨집니다. 어려움이 없어진 것은 아니지만 그 어려움이 더 이상 연단은 아닙니다. 이전에 연단이 왜 연단이냐 하면 나를 힘들게 하니까 연단이었던 것입니다. 문제가 있고 어려움이 있어서 연단이 아니라 그 문제와 어려움이 나를 힘들게 하니까 연단인데, 그것이 더 이상 나를 힘들게 하지 않는데 무엇이 연단이겠습니까?

하나님이 정말 크신 하나님으로 믿어지면, 주님이 지금 나와 함께 계신 것이 믿어지면 문제는 콩알처럼 작아 보입니다. 어려움을 보는 우리의 눈이 달라진 것입니다. 어려움에 대한 주님의 뜻을 깨달은 것입니다. 그래서 연단이 끝나는 것입니다. 예수님을 바라보는 훈련이 되기까지는 모든 상황이 연단입니다. 그러나 예수님이 바라보아지면 모든 상황은 전혀 새롭게 바뀝니다.

저는 목회 초창기에 불만이 많았습니다. '나는 왜 이런 교회에서 사역해야 하나?', '나는 왜 이런 사람들과 지내야 하나?' 말은 안 했지만 이런 바보 같은 생각을 속으로 많이 했습니다. 항상 만족스럽지 않았습니다. 그러니까 사실 모든 것이 연단이었지요. 그런데 어느 날 주님은 마음에 드는 환경, 마음에 드는 사람하고만 일하려고 해서는 안 된다는 것을 깨우쳐주셨습니다. 정신 똑바로 차리고 자신의 문제를 보시기 바랍니다. 가족 중에 또는 함께 일하는 동료 중에 마음에 안 드는 사람, 뭔가 문제가 있는 사람이 있습니까? 그것은 당연한 것입니다. 이 세상에 성격 좋고 일 잘하고 자신에게 너무너무 잘하는, 그런 사람은 없습니다. 그런 사람을 기대하는 자체가 잘못입니다.

목회자에게도 좋은 사람에 대한 욕심이 있습니다. 하지만 그것은 하나님의 뜻이 아닙니다. 그럼 어떤 것이 하나님의 뜻입니까? 우리는 미숙한 사람, 문제 많은 사람들과 함께 일할 각오를 해야 합니다. 그래야 하나님나라의 일꾼들이 세워집니다. 교회 일을 해도 함께 일하는 사람에게 문제가 있을 때 그것을 당연한 것으로 받아들여야 합니다. 사람을 세우는 기쁨으로 서로를 대해야 합니다. 그러면 범사에 감사입니다. 문제가 있고 흠이 많은 사람들과 함께 주의 말씀 앞에서 성령의 역사로 굳은 마음이 부드러운 마음으로 변화되어 하나님이 원하시는 사람이 되는 것을 보는 것, 그것이 기쁨입니다.

좋은 사람만 찾으시면 안 됩니다. 지금 함께하는 사람들을 부둥켜안고 말씀과 기도와 사랑으로 그들을 좋은 사람으로 만들어 내야 합니다. 그러면 주님 앞에 섰을 때 그들은 내게 고마운 사람들이 됩니다. 그 사람들을 변화시키려고 애를 쓰다보니 내가 변화되었기 때문입니다. 우리에게 있는 가장 큰 연단이 사람과 관련한 연단인데, 나중에는 그 사람들이 다 귀하게 여겨집니다. 가시 같은 사람도 나에게 너무 고마운 사람이 됩니다. 나를 변화시키기 위한 사람들이기 때문입니다. 주님을 바라보면 그것을 깨닫게 해주십니다. 그러고 나면 더 이상 내게 연단이 없어집니다. 힘든 사람, 문제가 있는 사람도 다 고마운 사람이 되는데, 사람이 더 이상 무슨 연단이 되겠습니까?

여러분, 24시간 예수님이 바라보아집니까? 우리가 동행일기를 쓰는 목표도 24시간 예수님을 바라보는 것입니다. 좋은 평가를 받으려는 것이 아니라 주님을 향하여 부드러운 마음이 되기 위해서입니다. 실패하더라도 낙심하지 말아야 합니다. 훈련이 필요한 것뿐입니다. 성령께서 여러분의 문제를 보는 눈을 여시기를 축복합니다. 무엇보다도 정말 살아 계신 능력의 주님이 분명히 믿어지는 역사가 있기를 축복합니다. 주님께 완전히 순종함으로, 주님께 온유하게 반응함으로, 주님이 하라는 대로만 함으로 구원받게 되기를 바랍니다.

1. 제 마음에 굳은 것을 다 제거하시고 부드러운 마음이 되어 주님이 하라고 하시는 일이 정말 쉬워지게 해주소서. 주님이 하라는 대로 하고 사는 길이 진정한 구원임이 믿어지게 하소서.

2. 가정에서부터 가족들에게 온유하게 하소서. 직장 동료와 교우들에게, 나와 가장 가까운 사람들에게, 큰 자보다 작은 자에게 온유한 자가 되게 하소서.

3. 주님을 바라보는 눈을 분명히 열어주셔서 크신 주님, 강하신 하나님을 알게 하심으로 내 문제가 콩알만큼 작아지게 하시고 생명의 길이 대로와 같이 열리게 하소서.

# 이제부터 마음대로
## 살지 않겠어요

6 그러므로 내가 나의 안수함으로 네 속에 있는 하나님의 은사를 다시 불일듯하게 하기 위하여 너로 생각하게 하노니 7 하나님이 우리에게 주신 것은 두려워하는 마음이 아니요 오직 능력과 사랑과 절제하는 마음이니 8 그러므로 너는 내가 우리 주를 증언함과 또는 주를 위하여 갇힌 자 된 나를 부끄러워하지 말고 오직 하나님의 능력을 따라 복음과 함께 고난을 받으라

디모데후서 1:6-8

드와이트 무디(D. L. Moody)가 이런 말을 했습니다. "하나님의 백성들을 죽이는 것은 과도한 사역이 아니라 능력을 받지 않고 일하는 것이다." 우리에게 성령의 능력은 대단히 중요합니다. 우리가 "나 너무 힘들어", "정말 지쳤어"라는 생각이 들 때, 이것이 주위 사람의 문제이거나 정말 어려운 문제가 생겼을 수도 있지만, 성령의 능력으로 살지 않으니까 다 어렵게 느껴지는 것은 아닌지 판단을 잘해야 합니다. 우리는 어려운 문제가 없이 살기를 기대하지 말아야 합니다. 우리가 사는 세상은 마귀가 강하게 역사하기 때문에 편안하게, 어려움 없이, 그저 재미있게만 살 수는 없습니다. 문제는 자신이 성령의 능력으로 사느냐 하는 것입니다.

## 성령의 열매의 능력

그런데 무엇이 성령의 능력인지 오해가 있습니다. 성령의 능력은 여러 가지 은사로 나타날 수 있습니다. 성령에 사로잡혀서 예언을 한다든지, 방언으로 기도를 한다든지, 병 고치는 기적이나 귀신이 쫓겨나가는 역사가 나타날 수 있습니다. 그런데 성령의 능력은 단순히 이런 은사를 말하는 것만은 아닙니다. 훨씬 더 강력한 능력이 바로 '성령의 열매'입니다. 기적을 행하는 역사가 놀랍지만 사람이 바뀌고, 성품이 바뀌고, 삶이 완전히 바뀌는 것에 비하면 아무것도 아닙니다. 성품이 바뀌는 것은 본인과 가족들, 주위에 있는 많은 사람들에게 정말 놀라운 축복이며 하나님의 영광이 됩니다.

성품이 바뀌는 것이 성령의 열매입니다. 성품이 바뀌는 것이야말로 진짜 능력입니다. 성령의 열매란 나는 죽고 예수로 사는 사람, 24시간 주님을 바라보고 주님과 동행하는 사람, 주님께 항상 복종하는 사람에게 나타나는 주님의 성품입니다. 예수님을 마음의 왕으로 모시고 항상 예수님을 바라보고 살 때 그에게서 예수님이 드러나는 것입니다. 성령의 아홉 가지 열매 중에 '절제'는 마지막 열매로 정말 중요한 열매입니다. 어떻게 성령의 열매가 맺어지는지 그 과정을 그대로 보여주는 독특한 열매이자 다른 성령의 열매가 맺어지게 하는 열매이기도 하기 때문입니다.

성경 말씀대로라면 성령의 역사는 감당할 수 없을 정도로 엄청난 것입니다. 우리 모두 이 엄청난 은혜를 받았습니다. 성령이 우리 안에 오셨습니다. 예수님은 이것을 가리켜 내 속에서 강이 흘러넘친다는 표현을 쓰셨습니다.

> 나를 믿는 자는 성경에 이름과 같이 그 배에서 생수의 강이 흘러나오리라 하시니 이는 그를 믿는 자들이 받을 성령을 가리켜 말씀하신 것이라 요 7:38,39

그런데 안타깝게도 많은 성도들이 성령을 모시고 살지만 생수의 강이 흘러넘치는 역사는 경험하지 못하고 있습니다. 은사주의의 한계를 극복하지 못하고 있기 때문입니다. 누구나 자신에게 너무나 분명하게 성령의 은사가 나타나면 놀라움과 기쁨에 사로잡힙니다. 신비한 영적 체험과 능력이 나타날 때 흥분하지 않을 수가 없습니다.

그러나 이때 조심하지 않으면 우리는 은사주의자가 되고 맙니다. 은사는 귀하지만 은사주의는 문제입니다. 역사하시는 성령님께 순종하기보다 나타나는 은사 그 자체에 더 관심을 갖는 것, 이것이 은사주의입니다. 그래서 성령을 구하는 것 같으면서도 실제로는 은사를 구하고, 능력을 구하고, 체험을 구하고, 기적을 구하는 것입니다.

많은 은사 체험자들과 은사주의자들이 미혹을 받게 되는 것도 바로 이때입니다. 악한 영도 신비한 체험을 주기 때문에 그럴 때 다른 영의 미혹이 들어옵니다. 신비한 체험만으로는 성령인지 악령인지 구분하기 어렵습니다. 그래서 성령으로 시작했다가 악한 영으로 끝나는 은사주의자들이 많이 생기고, 많은 은사자의 마지막이 좋지 않은 것입니다.

## 주님의 철저한 다스림을 받으라

은사가 나타날 때 우리가 주목할 것은 주님이십니다. 바로 여기에 절제가 필요합니다. 주님으로부터 철저히 다스림을 받는 것이 바로 절제의 열매입니다. 하나님께서 우리에게 강력한 성령의 은사를 허락하시려면 우리는 반드시 절제가 있는 사람이어야만 합니다.

> 그러므로 내가 나의 안수함으로 네 속에 있는 하나님의 은사를 다시 불일듯하게 하기 위하여… 딤후 1:6

성령의 능력이 없이는 사역하지 못합니다. 신앙생활조차 제대로 할 수 없습니다. 그런데 사도 바울이 디모데에게 하나님의 은사를 다시 불일 듯 일으키게 하기 원한다고 할 때 그는 능력만을 이야기하지는 않았습니다.

하나님이 우리에게 주신 것은 두려워하는 마음이 아니요 오직 능력과

사랑과 절제하는 마음이니 딤후 1:7

바울은 하나님의 은사가 불일 듯하려면 능력과 사랑에 반드시 절제하는 마음이 있어야 한다고 강조합니다. 이 말은 은사도 주님이 통제하실 수 있어야 한다는 것입니다. 엔진이 좋아서 출력이 강한 자동차가 있는데 그 자동차에 브레이크가 없다면 그 자동차는 절대로 좋은 차가 아닙니다. 아주 위험한 흉기입니다. 하나님의 능력은 경험했는데 절제의 은사가 없는 사람이 그렇습니다.

그동안 성령의 강력한 은사 체험을 통해 부흥이 일어났다가 나중에 영적인 미혹 또한 많이 일어나게 되는 것도 절제가 없었기 때문입니다. 주님과 상관없이 더 큰 기적이 일어나기만을 바라는 것, 그 일이 미혹입니다. 따라서 능력과 함께 사랑도 있어야 하고 절제하는 마음도 함께 있어야 하는 것입니다.


## 절제를 통해 일하시는 예수님

예수님께서 오병이어의 기적을 행하시자 그 후 사람들이 예수님께로 구름같이 몰려들었습니다. 오병이어와 같은 기적을 다시 한번 경험해보고 싶기 때문입니다. 만약 예수님께서 사람을 모으고 그들의 반응이나 기적을 즐기는 분이셨다면 더 강한 기적을 행하셨을 것입니다. 어쩌면 마귀가 예수님을 유혹했던 것처럼 돌들로 떡을 만드실 수도 있었을 것입니다. 그러나 예수님은 정반대로 하셨습니다. 그 많은 사람들이 왜 자신에게 몰려왔는지 너무 잘 아셨기 때문에 더 이상의 기적을 행하지 않으셨습니다. 그리고 떡을 달라는 사람들에게 "나를 먹으라"는 충격적인 말씀을 하셨습니다. 예수님은 모여든 사람들을 오히려 다 흩어버리셨습니다.

나는 하늘에서 내려온 살아 있는 떡이니 사람이 이 떡을 먹으면 영생하리라 내가 줄 떡은 곧 세상의 생명을 위한 내 살이니라 하시니라

요 6:51

지금 우리는 성찬의 은혜를 알기에 이 말씀이 무슨 말씀인지 알지만, 당시 유대인들에게 내 살을 먹으라고 하시는 예수님의 말씀은 도무지 이해가 되지 않고 믿어지지도 않는 해괴한 말씀이었습니다. 그래서 실제로 많은 사람들이 예수님에게서 떠나갔습니다. 예수님이 제자들에게 "너희도 가려느냐?"라고 물으실 정도였습니다.

여기서 우리는 예수님의 절제를 볼 수 있습니다. 절제가 무엇인지 볼 수 있고 절제의 열매가 얼마나 놀라운지 느끼게 됩니다. 예수님은 기적을 행하시는 분입니다. 그러나 주님은 그 기적을 한도 끝도 없이 쓰시지는 않았습니다. 오히려 사람들이 기적을 보고 찾아오는 것을 걱정하셨습니다. 그리고 떡보다 더 중요한 영생을 주셨습니다. 여러분은 오병이어의 기적과 성찬 중에 어느 것이 더 커

보입니까? 오병이어의 기적이라고 하실 분이 있을 것입니다. 아직 진정한 성찬의 은혜를 알지 못하는 사람은 오병이어의 기적을 더 바랄 것입니다. 분별이 안 되기 때문입니다. 그러나 주님은 먹고 죽을 수밖에 없는 떡보다 우리에게 영생의 복을 주기 원하십니다.

이렇듯 예수님이 절제를 통해서 하시려는 일은 우리에게 은혜나 은사를 적게 주시려는 것이 아닙니다. 도리어 비교할 수 없이 더 크고 중요한 것을 주시기 위함입니다. 예수님입니다. 아무리 놀랍고 외적으로 부흥이 되는 교회 사역이라 할지라도 초점은 예수님께 있어야 합니다. 주 예수님보다 더 마음을 빼앗는다면 그것은 우상숭배일 뿐입니다. 진짜 중요한 것은 우리와 함께 계시는 예수님이십니다.

주님은 어떤 상황에서 우리가 주님을 바라보게 하기 위해 때때로 좋은 은사, 귀한 사역이라도 절제시키십니다. 우리 교회에서도 성령의 은사가 강하게 일어날 때가 있었는데 그때 하나님께서 예수동행일기를 쓰면서 주님과 동행하는 훈련으로 사역의 방향을 바꾸셨습니다. 그때 하나님의 뜻을 바로 분별받는 일이 만만치 않았습니다. 사실 기적과 같은 역사가 많이 일어나면 성도들의 반응도 뜨겁고 교회도 외적으로 크게 부흥하는 것처럼 보입니다. 그것을 절제하는 일은 쉽지 않았습니다. 게다가 예수님과 동행일기를 쓰는 것에 대하여 교인들이 다 환영한 것은 아니었습니다. 24시간 주님을 바라보라는 것이 너무 막연하고, 구름 잡는 이야기처럼 여기는 이들도 많았지만 주님은 분명히 성도들을 그렇게 이끌기 원하셨습니다.

예수님께서 겟세마네 동산에서 붙잡히시기 직전, 예수님을 잡으러 온 사람들에게 칼을 휘두르는 베드로를 막으시며 이렇게 말씀하셨습니다.

너는 내가 내 아버지께 구하여 지금 열두 군단 더 되는 천사를 보내시게 할 수 없는 줄로 아느냐 마 26:53

예수님은 천사 하나 정도가 아니라 열두 군단을 동원하실 수 있는 주님이십니다. 그런데도 주님은 그렇게 하지 않으셨습니다. 십자가를 지시기 위해 끌려가셨습니다. 여러분, 천사 열두 군단이 커 보입니까? 십자가가 더 커 보입니까? 이미 영생을 얻은 우리이기에 십자가가 정답인 것을 잘 알지만, 그 당시 제자들에게는 천사 열두 군단이 더 크지 않았겠습니까? 그러나 이것이 바로 절제입니다. 더 큰 하나님의 역사를 위하여 사람의 판단과 욕망과 열심을 버리는 것입니다.

이기기를 다투는 자마다 모든 일에 절제하나니 그들은 썩을 승리자의 관을 얻고자 하되 우리는 썩지 아니할 것을 얻고자 하노라 고전 9:25

올림픽에 출전해서 메달을 따려고 하는 선수는 지옥과 같은 훈련을 받게 됩니다. 엄청난 절제입니다. 하나님이 우리에게 복 주실 수 있는 진짜 이기는 신앙생활을 하기 원한다면 우리에게도 이와 같은 절제의 훈련이 필요합니다.

## 사랑도 절제가 필요하다

절제는 모든 성령의 열매의 결정적인 요소이자 결정적인 증거입니다. 아무리 좋은 것이라고 해도 무한정 해도 좋은 것은 없습니다. 운동은 좋은 것이지만 운동 중독증은 좋은 것이 아닙니다. 하루종일 운동만 하는 것은 사실 병이죠. 좋은 것도 절제하지 않으면 오히려 독이 되는 것입니다. 절제가 안 되는 것은 다른 영적인 힘이 작용한다는 뜻입니다. 나쁜 것만 절제할 것이 아닙니다. 좋은 것도 절제가 필요합니다. 사랑에도 절제가 필요합니다.

어느 장로님이 딸만 계속 낳다가 뒤늦게 아들을 보게 되었는데, 이 녀석이 얼마나 귀여운지 도무지 눈을 뗄 수가 없었다고 합니다. 그때부터 딸들은 보이지가 않았습니다. 잠을 자다가도 일어나서 잠자는 아들 얼굴을 한참 들여다보고 다시 잠이 들었고, 회사에서 일하다가도 불쑥 집에 전화를 걸어서 아이가 잘 노는지 물어보았습니다. 한두 번이 아니고 하루에도 몇 번씩 아이가 잘 있는지 확인했고, 가족들이 자신만큼 아이의 안전에 신경을 쓰지 않는다고 생각될 때는 호통을 치곤 했습니다.

그러던 어느 날 거실에 앉아 있는데 아이가 보이지 않자 어디 있는지, 잘 노는지 걱정이 되어 황급히 찾아보니 아이가 마당에서 잘 놀고 있더랍니다. 그래서 다시 거실로 돌아와 자리에 앉았는데 마음속에 분명한 소리가 들려왔습니다.

"너, 누구 바라보고 사니? 그 아이가 누구의 것이냐? 내게 맡겨라."

이 말씀을 듣는 순간, 가슴이 철렁하고 다리에 힘이 쭉 빠졌다고 합니다. 아들이 정말 사랑스럽지만 자신이 너무 지나쳤다는 것이 깨달아지며 "하나님, 잘못했습니다. 주님의 것이니 주님께 맡기겠습니다" 이렇게 회개하자 그때부터 비로소 마음에 평안이 찾아왔다고 합니다. 그 후 아들이 잠깐 보이지 않아도 불안해하지 않게 되었고, 그동안 보이지 않던 딸들의 얼굴이 눈에 들어오며 딸들이 사랑스럽게 느껴졌다는 것입니다.

이 장로님의 고백을 들으면서 왜 사랑하는 것조차 절제가 필요한지, 왜 한도 끝도 없이 사랑하는 것이 잘하는 것만은 아닌지 떠올려보게 되었습니다. 야곱의 편애가 이스라엘 가문을 불행하게 만들었다는 것을 잊지 말아야 합니다. 그러니까 사랑도 주님의 통제를 받아야 하는 것입니다. 이것이 절제입니다.

## 마음대로 살아서 망하는 인생

절제란 한마디로 더 이상 자기 마음대로, 자기 감정대로 살지 않게 되었다는 것입니다. 이제는 철저하게 주님이 하라는 대로 하는 것입니다. 바로 내 마음에 오신 예수님 때문입니다. 저희 교회 부목사님이 저와 같이 방을 쓰며 함께 여행하게 되었다면 아마 목사님은 매우 부담스러울 것입니다. 물론 저도 마찬가지입니다. 마음대로 하지 못하기 때문입니다. 혼자 방을 쓴다면 눕고 싶을 때 눕고, 책 보고 싶을 때 책 보고, 먹고 싶을 때 먹을 수 있을 텐데, 담임목사와 같이 있으면 매사 제가 하자는 대로 해야 합니다. "잡시다" 그러면 저녁 7시라도 자야 하고 일어날 때도 같이 일어나야 합니다. 마음대로 하지 못한다는 것이 정말 힘이 듭니다.

24시간 예수님과 동행하는 것은 더 그렇습니다. 마음에 오신 주님을 모시고 24시간 주님과 같이 사는 것입니다. 이것이 실제가 된 사람은 절제의 열매가 맺어집니다. 주님을 모시고 사는 것이 확실하게 믿어지고 항상 주님이 의식이 되는 사람은 말이나 행동에 다 절제가 있습니다.

절제의 열매는 그 핵심이 주님을 바라보는 것입니다. 숨 막혀서 못 살 것 같다는 분도 있을 것입니다. 하지만 몰라서 하는 이야기입니다. 물론 마음대로 못하는 것에 대한 부담은 있습니다. 그런데 우리 인생이 망가지는 가장 큰 이유가 마음대로 살았기 때문이라는 것 또한 알아야 합니다. 마음대로 말했고, 마음대로 행동했고, 마음대로 결정했고, 내가 하고 싶은 대로 하고 살았기 때문에 인생이 망가진 것입니다. 아담과 하와가 선악과를 먹은 것도 마음대로 하려는 욕심의 결과입니다. 결국 온 인류가 죄를 얻었습니다. 그래서 마음대로 한다는 것이 무서운 것입니다. 마음대로 하려는 욕망의 배후에 마귀가 역사한다는 것을 알아야 합니다.

> 만일 우리가 그리스도와 함께 죽었으면 또한 그와 함께 살 줄을 믿노니 롬 6:8

주님과 항상 동행하는 것이 부담스럽기만 한 것은 아닙니다. 주님이 우리와 함께 계시는 것은 부담스럽게 하기 위해서가 아니라 우리를 지키고 구원하시기 위해서입니다. 우리가 예수님이 부담스러운 것은 함께 살지 않아서 잘 모르기 때문입니다. 부부 사이도 신혼 때는 서로 어색할 수 있습니다. 하지만 20년이 지나고 30년을 살다보면 남편이나 아내가 없으면 너무 허전할 정도로 이미 하나가 됩니다. 둘이라는 느낌이 들지 않습니다. 그것이 부부입니다. 부부 사이에 경험하는 하나 됨은 우리 주님과의 하나 됨이 어떤 것인지 그대로 보여줍니다.

이렇게 주님과 동행하는 것은 비교할 수 없이 복된 것입니다. 주님은 정말 우리를 위하시는 분이시기에, 감추거나 꾸밀 것도 없고 변명할 것도 없습니다. 다 아시기 때문입니다. 주님은 전적으로 우리를 위해서 오셨습니다. 그러므로 주님을 바라보면 얼마나 편한지 모릅니다. 우리에게 필요한 것은 주님과의 동행에 익숙해지는 것입니다. 예수님과 동행하는 삶을 살기 때문에 더 이상 마음대로 말하거나 행동하지 않는 것이 절제의 열매입니다. 이것이 진정한 구원입니다.

## 내 마음대로 살지 않는 훈련, 주님의 음성 듣기

24시간 예수님을 바라볼수록 성령의 열매는 더 풍성해집니다. 그러니까 우리가 성령의 열매를 맺으려고 애쓰지 말고 24시간 예수님과 동행하려고 힘쓰면 됩니다. 그러면 열매는 저절로 맺힙니다. 절제의 열매 또한 절제하려고 애쓰기보다 자신이 주인인 삶을 포기하고 주님을 바라볼 때 저절로 맺힙니다. 주님이 나와 함께 계신 것을 믿고 정말 주님을 바라보는 삶을 사는 그 모습이 성령의 열매입니다. 성령의 열매의 핵심은 주님을 바라보는 것입니다. 내가 주인 되는 것을 포기하고 예수님이 나의 주인이시고 생명이심을 인정하는 것입니다.

김영봉 목사님이 쓰신 《주기도》(IVP)라는 책에 데이비드 팀스(David Timms)라는 목사님에 관한 글이 나옵니다. 거기에서 "당신의 나라가 임하시옵소서"(Thy Kingdom come!)라는 기도를 뒤집으면 "내 나라가 끝나게 하옵소서"(My kingdom done!)라는 기도가 된다고 했는데 기막힌 통찰입니다. 이것이 절제입니다. 이제 더 이상 내가 나의 주인이 아니요 내가 나의 왕이 아닙니다. 나는 내가 하고 싶은 대로 살지 않는 사람이 되기로 결단했습니다. 철저히 주님을 바라보고 주님의 허락 하에 무슨 말이나 행동을 하기로 결단했습니다.

이렇게 살려면 결단도 중요하지만 반드시 훈련이 필요합니다. 절제의 열매는 결심만으로는 되지 않습니다. 주님이 나에게 뭐라고 말씀하시는지 깨달아져야 그다음에 절제도 할 수 있습니다. 그래서 주님의 음성을 듣는 훈련부터 해야 합니다. 하나님의 자녀가 된 증거는 주님의 음성을 듣는 것입니다.

호주에 계신 목사님 한 분이 호주에서 있었던 이야기를 들려주셨습니다. 어떤 사람이 어미 잃은 새끼 양을 집에서 길렀습니다. 우유를 먹여가며 사랑으로 양을 길렀지만 양이 자라면서 점점 커지자 더 이상 집에서 기를 수가 없게 되어 잘 아는 양 목장에 그 양을 보내게 되었습니다.

얼마 후 갓난 새끼 때부터 길러서 정이 흠뻑 든 그 양이 보고 싶어서 목장을 찾았을 때 들판에 양들이 많이 모여 있었지만 어느 양이 자기가 기른 양인지 알 수가 없었습니다. 그래서 어릴 때 지어주었던 양의 이름을 크게 불렀습니다. 그러자 다른 양들은 아무 반응을 보이지 않는데 양 두 마리가 쏜살같이 달려오더랍니다. 가만히 보니 한 마리가 정말 자기가 길렀던 양이었습니다. 양이 정말 주인의 목소리를 듣고 주인을 알더라는 것입니다.

> 내 양은 내 음성을 들으며 나는 그들을 알며 그들은 나를 따르느니라
> 요 10:27

그럼 다른 한 마리는 왜 왔는지 궁금했는데, 알고 보니 그 양의 애인이었답니다. 여러분, 양은 정말 목자의 음성을 듣습니다. 예수님이 말씀하신 그대로입니다. 이것이 우리에게도 그대로 경험되어야 합니다. 예수님을 믿는다는 것은 예수님의 십자가 구원을 인정하고 받아들인다는 의미도 있지만 진짜 예수님과 함께 사는 것입니다. 예수님과 함께 사는 것의 핵심은 주님의 음성을 듣는 것입니다.

많은 분들이 주님의 음성을 듣고 사는 것에 대해 막연하게 생각합니다. 한 번도 주님의 음성을 못 들었다는 분도 있습니다. 그런데 우리는 지금도 주님의 음성을 듣고 있습니다. 예배드리려는 마음, 기도하려는 마음, 성경을 읽고 싶은 마음, 용서하라, 사랑하라는 생각 등이 모두 주님의 음성입니다. 그 분별을 훈련받지 못한 사람의 마음속에는 자신의 생각과 마귀가 주는 생각과 주님이 주시는 생각이 뒤섞여 있어서 주님의 음성이 안 들린다고 생각하는 것입니다. 이제부터는 육신의 생각과 영의 생각을 구분할 줄 알아야 합니다. 그리고 영의 생각을 하기를 힘써야 합니다.

육신을 따르는 자는 육신의 일을, 영을 따르는 자는 영의 일을 생각하나니 육신의 생각은 사망이요 영의 생각은 생명과 평안이니라

롬 8:5,6

"주님, 지금 제 머릿속에 떠오르는 이 생각이 주님이 주시는 것입니까? 마귀가 주는 것입니까?" 잠잠히 주님께 묻고 분별해보면 성령께서 말씀을 통하여 가르쳐주십니다. 애매하다면 여러분의 마음속에 있는 생각들을 써보십시오. 그리고 말씀으로 비교해보세요. 주님이 깨우쳐주십니다. 처음에는 주님의 뜻을 분별하기가 좀 어려운 것 같아도 꾸준히 해보면 그다음에는 금방 압니다. '아, 주님이 주시는 생각이구나', '아, 내가 지금 마귀가 주는 생각에 시달리는구나' 금세 느낌이 옵니다. 그러니까 예수님의 이름으로 떠나가라고 대적하는 것이죠.

그러면 그것을 어떻게 알까요? 들어보면 압니다. 우리가 휴대폰에서 들려오는 아이의 목소리를 듣고 단번에 "아무개구나!" 하고 반응하는 것은 하도 들어서 자연히 아는 것입니다. 우리가 주님의 음성을 듣기 위해서 그것을 매일매일 기록해보면 무엇이 주님의 음성인지 알게 됩니다.

## 성령의 열매를 맺는 사람

우리가 생각을 바로 하는 훈련을 해야 성령의 열매를 맺게 됩니다. 항상 생각을 조심해야 합니다. 생각의 뿌리를 살펴야 합니다. 톨스토이는 《부활》이라는 유명한 소설을 쓴 러시아의 대표적인 작가입니다. 또한 그는 기독교 정신으로 충만한 사람이기도 합니다. 톨스토이의 소설을 읽어보면 그가 정말 그런 사람임을 느낄 수 있습니다. 그는 매우 경건한 사람이었고 금욕주의자였습니다.

그러나 그는 하나님의 뜻대로 살기 위해서 자기 노력에 의존했던 사람이었습니다. 그는 열심히 노력했지만 불행한 최후를 맞았습니다. '하나님의 뜻대로 살아야 한다'는 생각에 지나치게 집착하여 경건한 생활과 금욕주의를 고집하다가 가족들과의 관계도 깨졌고 심지어 자신에 대한 좌절이 너무 커서 자살 충동까지 느끼곤 했습니다. 실제로 언제든지 자신이 목을 매달지도 모른다는 생각에 집안에 있는 끈이라는 끈은 다 치워놓을 정도였다고 합니다. 이처럼 '성령의 열매를 맺어야지, 사랑해야 돼, 기뻐해야 돼, 오래 참아야지, 내가 선을 행해야 돼'라는 강박에 매여서는 안 됩니다.

동시대에 유명한 기독교 소설가로 도스토예프스키가 있습니다. 도스토예프스키는 술, 도박으로 완전히 패가망신한 사람이었습니다. 그리고 반정부 단체에 가담했다가 사형 선고를 받았는데 사형 집행을 하는 날, 러시아 황제의 칙령으로 사형을 면하고 무기징역과 10일의 유형으로 감형이 되어 죽음의 순간에서 극적으로 살아

나게 되었습니다. 그는 이후 10일의 유형을 가는 열차 속에서 작은 신약성경을 보게 됩니다. 그는 거기서 성경을 수십 번 읽었고 예수님의 사람이 되었습니다.

10년 후 그는 감형을 받고 집으로 돌아오게 되는데 이때 유명한 말을 남깁니다. "누군가 내게 예수 그리스도의 가르침이 진리가 아니라고 증명한다 하더라도 나는 여전히 예수 그리스도를 믿을 것이다." 그가 예수님을 인격적으로 만난 것입니다. 자신이 만난 예수님이 분명히 진리이셨기 때문에 누가 뭐래도 그분의 살아 계심을 확신할 수밖에 없었던 것입니다. 도스토예프스키의 믿음의 핵심은 단순히 들은 교리적인 복음이 아니라 인격적으로 만난 예수님 그분이었습니다.

이후 러시아 혁명 때 공산주의가 러시아를 완전히 장악하고 교회가 문을 닫게 되는 와중에도 러시아 사람들은 그의 작품을 통해서 하나님의 살아 계심을 믿을 수 있었습니다. 《죄와 벌》,《카라마조프가의 형제들》과 같은 작품으로 그는 하나님의 살아 계심을 전할 수 있었습니다. 예수님을 인격적으로 아는 사람은 톨스토이와 같은 삶을 살지 않습니다. 율법주의적인 사람, 금욕주의적인 사람은 성령의 열매를 맺을 수 없습니다. 예수님과 온전히 만날 때, 그리고 그분의 다스림에 의지할 때 성령의 열매가 맺어지고 절제의 열매도 맺을 수 있게 됩니다.

## 내 안에서 맺어지는 성령의 열매

여러분, 지금 자신 안에서 맺어지고 있는 성령의 열매를 주목해보시기 바랍니다. 자신은 자기 마음에서 일어나는 변화를 압니다. 성품에 변화가 일어나고 있습니까? 아주 작더라도 사과 열매는 사과입니다. 아직 사랑이 된 것은 아니지만 '아, 내가 ○○를 사랑해야 되나 봐' 하는 생각이 들었다면 아주 작지만 열매가 맺어지는 것입니다. '이렇게 불평하고 살면 안 돼. 주님은 불평을 주실 리가 없어' 이것이 깨달아졌다면 열매가 맺어지고 있는 것입니다. 아주 작으니까 처음에는 열매 같지 않을 뿐입니다. 그러나 우리가 이것을 분별해야 합니다.

모든 열매가 이렇게 아주 작은 열매에서부터 자라는 것입니다. 우리 안에서 성령의 열매가 맺어지고 있습니다. 성령님을 모신 사람이면 다 있습니다. 작은 열매가 큰 열매로 자라는 열쇠는 우리가 이미 십자가에 못 박힌 자라는 것을 인정하고 고백하는 것입니다. "나는 죽었습니다. 예수님은 정말 나의 주님이십니다." 날마다 매 순간 이 복음을 분명히 선포하고 고백하고 살면 열매가 커지고 풍성해집니다. 그것이 우리가 할 수 있는 일의 전부입니다. 우리 안에 이미 맺어진 열매는 각자 크기의 차이가 있겠지만 차츰 다른 사람들이 알 수 있을 정도로 뚜렷해지고, 우리는 주위 사람들로부터 변했다는 말을 듣게 됩니다. 그것이 바로 성령의 열매입니다.

우리가 바라보는 것은 사랑, 희락, 화평, 오래 참음, 자비, 양선,

충성, 온유, 절제가 아닙니다. 그렇다면 좌절할 수밖에 없습니다. '내가 사랑의 열매를 맺어야지' 그러면 지칩니다. 성령의 열매는 그렇게 맺어지는 것이 아닙니다. 내가 맺는 것이 아닙니다. 주님을 계속 바라보면 열매는 그냥 맺어지는 것입니다. 초점은 예수님이어야 합니다.

손양원 목사님의 두 아들을 죽인 공산당 청년 안재선이 손양원 목사님의 양자가 되고 나서 신학교에 들어가 손양원 목사님께 보낸 편지입니다.

"아버님 전 상서, 천주님의 은혜 가운데 아버님, 어머님, 기체 만강하심을 비옵니다. 이 소자는, 객지서, 하나님의 진리의 힘으로 생활하고 있습니다. 예수의 피 공로를 믿음으로, 구원받음을 감사합니다.

이 죄인은 아버님의 사랑을 받아 하나님 앞에서 죗값을 회개함으로 예수 그리스도의 피 공로를 믿음으로 중생하였습니다. 중생하였으나, 소자는 인간인 고로 때때로 죄를 범하게 됩니다. 그러나 하나님은, 이 죄인을 버리지 않으시고 사랑하여주심을 진실로 감사하며 죄를 회개합니다. 주의 피로 쌓인, 진리로 된 부산 고려 고등성경학교에서 여러 귀하신 주님의 종들과 같이 하나님의 말씀을 배우며 열두 사도의 교훈과 진리를 배우게 해주신 은혜와 사랑은, 말할 수 없이 감사합니다.

중생하고 보니, 하나님께 몸 바쳐야 되겠습니다. 나의 있는 것

모든 것 다 바쳐야 되겠습니다. 우리 신자는 다 순교할 의무가 당연히 있다고, 나는 주장합니다. 우리가 죽도록 하나님을 영화롭게 하여야 하겠습니다. 아버님, 아버님….”

손양원 목사님의 두 아들을 죽인 공산당 청년이 쓴 것이라고는 생각할 수 없는 편지 내용입니다. 기적입니다. 한 사람을 완전히 다른 사람으로 만들어낸 것, 이런 것을 열매라고 합니다. 손양원 목사님이 사랑의 열매를 맺어야 한다고 결심하고 그 결심만으로 이런 열매가 생겼을까요? ‘내가 사랑을 해야지!’ 했다면 아마 벌써 포기했을 것입니다. 그러나 주님을 계속 바라보니까 열매가 맺어질 때까지 주님이 손양원 목사님을 끝까지 이끌어 가신 것입니다. 도무지 사람으로는 할 수 없는 것까지 하게 해주신 것입니다. 결국 성령의 열매는 주님을 바라보는 것입니다.

## 낙망하지 않는 믿음으로 조금 더 나아가라

동행일기 제자훈련 과정 중에 ‘성령의 열매’라는 단원이 있습니다. 왜냐하면 24시간 주님을 바라보는 것이 성령의 열매를 맺는 길이기 때문입니다. 매일 주님과 동행하는 일기를 쓰는 것이 삶을 바꿉니다. 그것이 성령의 열매입니다. 주님과 동행하며 성령의 열매가 맺어지는 삶의 길에서 이제 우리는 뒤돌아 설 수 없습니다.

성령의 열매를 맺으려면 낙망하지 않는 믿음이 필요합니다. 우리는 결단으로 변화되지 않습니다. 성령의 열매는 주님만이 이루실 수 있습니다. 그러나 결단하지 않는 사람에게 주님은 역사하실 수 없습니다. 주님과 동행하겠다고 결단하고 기도했으면 믿어야 합니다. 믿어도 낙망하지 않는 믿음을 가져야 합니다.

여인이 해산하는 일이 얼마나 힘이 듭니까? 정말 난산 중인 산모가 "이제 더 이상 못하겠다, 죽을 거 같다, 그만 포기하고 싶다"고 비명을 지를 때 다들 그 산모에게 뭐라고 말하겠습니까? "정말 고생했다, 이만큼 한 것도 대단하다, 이제 그만하자" 이렇게 말할 사람이 누가 있을까요? "조금만 더 참아", "좀 더 힘을 내"라고 할 것입니다. 냉정하고 잔인한 것 같아도 그 길밖에 없습니다. 그렇지 않으면 산모도 아기도 다 죽습니다.

주님만 바라보리라 결단해도 장애물은 많습니다. 못할 것 같고 어렵고 힘든 순간이 수도 없이 찾아옵니다. 되는 것 같지도 않습니다. 그러나 그때 기억하십시오. 우리는 지금 아기를 낳고 있는 것입니다. "여기서 그만할까 봐" 그랬다가는 다 죽습니다. 살길은 오직 조금 더 힘을 내는 것뿐입니다. 그러다가 아이가 나오면 그렇게 죽겠다던 산모가 출산한 아기를 바라보며 얼마나 행복해 하는지 모릅니다. 주님과 동행하고 열매 맺는 생활도 똑같습니다. 주님께서 그 일을 해주십니다. 말할 수 없는 그 기쁨을 누리게 해주십니다.

산모에게 포기할 가능성이 없는 것처럼 저도 돌이킬 수 없음을 믿기에 앞으로 앞으로 나아갈 수 있었습니다. 그래서 행복합니다. 갈등이 없기 때문입니다. 저는 주님을 바라보고 나아가는 삶에 뒷걸음질이란 정말 끔찍하다는 것을 깨달았습니다. 힘들고 어렵습니까? 그럴 때 조금 더 나아가는 것밖에 길이 없습니다. 조금 더 나아가면 달라집니다. 또다시 힘들고 어려울 때 조금 더 나아가면 또 달라집니다. 동행일기를 쓰면서 지난 8년 동안 그렇게 살아왔습니다.

예수님 안에서 우리의 성품이 변화되는 것은 하나님의 계획입니다. 나는 죽고 예수로 사는 복음을 분명히 하고, 24시간 예수님을 바라봅시다. 우리가 할 일은 계속 주님을 바라보고 나아가는 것입니다. 그러면 주님께서 반드시 역사하십니다.

## Prayer Points

1. 헛된 욕심으로 마음대로 살았던 죄를 용서해주소서. 마음대로 살려는 생각이 어리석고 두려운 일임을 깨닫고 버리기를 결단합니다.

2. 주님을 바라보는 눈이 뜨이고 주님의 음성을 듣는 귀를 열어주소서. 함께 계시는 주님을 보고 말씀하시는 주님의 음성도 들려주소서.

3. 나를 보는 사람들이 주님을 보게 역사해주소서. 나의 가족과 이웃들에게 내 삶을 통하여 주님이 증거되게 하소서.

# 주 안에서 사람은 바뀐다

| | |
|---|---|
| 초판 1쇄 발행 | 2018년 10월 5일 |
| 초판 15쇄 발행 | 2024년 7월 11일 |

| | |
|---|---|
| 지은이 | 유기성 |

| | | | |
|---|---|---|---|
| 펴낸이 | 여진구 | | |
| 책임편집 | 안수경 최현수 | | |
| 편집 | 이영주 박소영 김도연 김아진 정아혜 | | |
| 책임디자인 | 마영애 노지현 조은혜 이하은 | | |
| 홍보·외서 | 진효지 | | |
| 마케팅 | 김상순 강성민 | 마케팅지원 | 최영배 정나영 |
| 제작 | 조영석 허병용 | 경영지원 | 김혜경 김경희 |

303비전성경암송학교 유니게과정
이슬비전도학교 / 303비전성경암송학교 / 303비전꿈나무장학회

| | |
|---|---|
| 펴낸곳 | 규장 |

주소 06770 서울시 서초구 매헌로 16길 20(양재2동) 규장선교센터
전화 02)578-0003    팩스 02)578-7332
이메일 kyujang0691@gmail.com          홈페이지 www.kyujang.com
페이스북 facebook.com/kyujangbook          인스타그램 instagram.com/kyujang_com
카카오스토리 story.kakao.com/kyujangbook
등록일 1978.8.14. 제1-22

책값 뒤표지에 있습니다.
ISBN 978-89-6097-550-7 03230

## 규 | 장 | 수 | 칙

1. 기도로 기획하고 기도로 제작한다.
2. 오직 그리스도의 성품을 사모하는 독자가 원하고 필요로 하는 책만을 출판한다.
3. 한 활자 한 문장에 온 정성을 쏟는다.
4. 성실과 정확을 생명으로 삼고 일한다.
5. 긍정적이며 적극적인 신앙과 신행일치에의 안내자의 사명을 다한다.
6. 충고와 조언을 항상 감사로 경청한다.
7. 지상목표는 문서선교에 있다.